AF357054

RÉPLIQUE

POUR

LE MARQUIS DE CREQUI,

ET LE COMTE

DE CREQUI-CANAPLES,

APPELLANS;

Contre les Sieurs LE JEUNE DE LA FURJONNIERE, Intimés.

A PARIS,

DE L'IMPRIMERIE DE VALADE, rue des Noyers, vis-à-vis Saint Yves.

M. DCC. LXXXI.

REPLIQUE

POUR le Marquis DE CRÉQUI & le Comte DE CRÉQUI-CANAPLES, Appellans;

CONTRE les sieurs LE JEUNE DE LA FURJONNIERE, Intimés.

MESSIEURS,

Si les sieurs le Jeune avoient eu quelque titre qui dût les rapprocher de la Maison de Créqui, ils n'auroient pas consumé tant d'Audiences pour le développement de leur Cause : leur défense n'a donc été longue que parce qu'elle ne pouvoit pas être solide, & leur abondance apparente couvre en effet la disette la plus réelle. C'est ce dont il me sera facile de vous convaincre.

A

Le plan que je me propofe dans ma réplique ne fera pas moins fimple que celui de ma plaidoirie. Je démontrerai que mes Adverfaires n'ont rien détruit de ce que j'avois avancé, qu'ils n'ont abfolument rien prouvé en leur faveur, que des fuppofitions & des erreurs ont formé toute leur défenfe ; mais je m'attacherai principalement à établir, *que d'après leurs propres aveux & leurs propres principes*, ils ne font pas de la maifon de Créqui.

Sur-tout je ferai fidele à la loi que je me fuis toujours faite de ne jamais rien avancer qui ne foit pleinement conforme à la vérité la plus exacte & aux pieces. Si je me trompe fur quelques faits, je prie mon Adverfaire de m'interrompre (*a*), je ne me préfente pas ici pour féduire la Juftice, mais pour l'éclairer & pour anéantir la fable la plus fcandaleufe qu'on ait jamais préfentée dans les Tribunaux.

§. I.
Réfultat des propres plaidoiries des fieurs le Jeune.

Daignez obferver d'abord, Meffieurs, que d'après les plaidoiries même de mes Adverfaires, il demeure conftant entre nous, que les le Jeune *n'ont jamais été connus que comme le Jeune.*

Je leur avois demandé de citer du moins UN SEUL de leurs auteurs qui eût PRÉSUMÉ un SEUL INSTANT qu'il POUVOIT être Créqui : ils ont été hors d'état de le faire : vous plaidez donc ici contre la notoriété publique & contre l'opinion conftante & uniforme de votre Famille depuis qu'elle fe connoît. Premier point avéré & qui réfulte de votre propre défenfe.

(*a*) On n'a pas interrompu le Défenfeur de la maifon de Créqui, parce qu'il n'a plaidé en effet que des faits vrais : l'attention qu'il avoit eue de faire imprimer les Titres des fieurs le Jeune, étoit un garant affuré de fa bonne foi & de fon exactitude.

3

Il en eſt un ſecond, & qui n'eſt pas moins important; c'eſt que mes Adverſaires, pour établir leur deſcendance prétendue de la maiſon de Créqui, n'ont découvert aucun titre nouveau : ils n'ont que les mêmes pieces que leurs ayeux ont perpétuellement lues & invoquées pendant trois ſiecles, ſans y trouver jamais le moindre veſtige de cette deſcendance. Vos peres ont eux-mêmes apprécié & jugé tous vos titres, ils ont perpétuellement prononcé qu'ils vous excluoient de notre Maiſon : vous venez donc plaider ici contre le jugement domeſtique de votre Famille, ſans autre motif que le vain deſir de vous placer en un inſtant à côté des plus grands Seigneurs du Royaume.

Voilà encore une fois deux points reconnus par vos plaidoiries même. Vos peres n'ont jamais ſoupçonné qu'ils étoient Créqui : au contraire, ils ont lu tous vos titres, & ils ont ſans ceſſe déclaré qu'ils n'étoient pas Créqui. Les le Jeune étoient-ils donc Créqui dans un tems dont il ne nous reſte ni trace ni mémoire ? C'eſt à quoi ſe réduit en effet toute la cauſe.

§. II.
Etat des premiers auteurs connus des ſieurs le Jeune.

Pour découvrir qui vous étiez avant l'époque où l'on commence à vous connoître, j'ai dû examiner quels étoient les le Jeune que vous annoncez vous-même comme vos premiers auteurs. C'eſt l'état de votre Famille, dans l'inſtant où nous la voyons paroître, qui doit fixer nos idées ſur ſon état antérieur & ſur votre état actuel. Vous ne pourriez être Créqui qu'autant que vos premiers auteurs l'auroient été eux-même. J'ai donc été obligé de conſtater l'état de vos premiers peres, je l'ai fait dans ma plaidoirie, & voici ce que j'ai prouvé.

A ij

Le premier de vos auteurs connus eſt Taſſart le Jeune : vous avez rapporté des actes de 1433, 1437, 1446, dans leſquels il eſt, dites-vous, fait mention de lui. He bien, dans aucun de ces actes il ne prend & on ne lui donne aucune qualité de Chevalier, d'Ecuyer, de Sire, ou autre; par-tout on l'appelle féchement, *Taſſart le Jeune*, & cela n'indique certainement pas un Créqui.

Le ſecond de vos auteurs, toujours d'après vous-même, eſt Jean le Jeune, premier du nom, fils de Taſſart : j'ai prouvé que celui-là a été Tapiſſier de M. le Duc d'Orléans en 1464; qu'il fut depuis Valet-de-Chambre de M. de Beaujeu. Il épouſa Jeanne Secard, veuve Rouſſeau, née roturiere, de ſon aveu. Il plaida contre les habitans de ſa Paroiſſe, & les Fermiers du Huitieme, qui le ſoutinrent lui-même roturier; & en gagnant ſa cauſe, il ne put pas obtenir contre eux une condamnation de dépens: il n'y a certainement rien dans ſon état qui ne ſoit pleinement excluſif de l'état de Créqui.

Votre troiſieme auteur connu a été, dites-vous, un Jean le Jeune, ſecond du nom, fils du précédent. J'ai découvert dans vos propres titres, que celui-ci fut Commis à la recette des Tailles de Saumur, qu'il devint enſuite Receveur, qu'il épouſa Louiſe Tiphaine, veuve Epinard, & qu'il plaida depuis 1515 juſqu'en 1535, c'eſt-à-dire pendant vingt ans, contre les habitans de ſa Paroiſſe, qui le ſoutenoient roturier : il n'y a encore rien ici qui ſoit compatible avec l'état de Créqui.

Quant à votre quatrieme auteur, tout ce que nous ſavons ſur ſon compte, c'eſt qu'il épouſa, en 1551, honnête fille *Françoiſe Foulon*, fille de Me Pierre Foulon, Licencié ès loix, Elu pour le Roi à Saumur, & d'honnête femme Jacquette Saucier : il avoit un frere nommé Gilles le Jeune, qui fut d'abord Avocat à Saumur, & depuis Elu & Avocat du Roi.

Voilà donc les véritables qualités, & l'état certain de vos quatre premiers auteurs ; état qui doit régler celui de tous leurs defcendans, & qui eft évidemment inconciliable avec vos prétentions actuelles.

Qu'avez-vous répondu à ces faits conftans, avoués par vos peres, tirés de vos propres pieces, que vous me cachez avec tant de foin, & qu'on a fi bien diffimulé dans votre Généalogie ?

Vous n'en avez contefté qu'un feul ; c'eft la qualité de Tapiffier de M. le Duc d'Orléans, que j'ai donnée à Jean le Jeune, votre fecond auteur : nous verrons dans un inftant fi vous avez eu tort ou raifon. Mais enfin, vous avez avoué tous les autres faits ; il le falloit bien, puifque je les ai pris dans vos pieces même. Ainfi tout ce que j'ai plaidé demeure conftant entre nous (fauf la qualité de Tapiffier, dont je parlerai dans un moment). Il eft conftant que votre premier auteur connu n'a jamais ni pris ni reçu pendant fa vie la qualité d'Ecuyer dans les actes que vous produifez. Que votre deuxieme auteur, Valet-de-Chambre de M. de Beaujeu, époufa Jeanne Secard, veuve Rouffeau, née roturiere, & fut attaqué lui-même comme roturier par fes concitoyens, & par les Fermiers du Huitieme, contre qui il n'obtint même pas de condamnation de dépens ; que votre troifieme auteur connu étoit Commis à la recette des Tailles ; qu'il époufa Louife Tiphaine, veuve Epinard, & plaida pen-

dant 20 ans contre ſes concitoyens, pour ſe faire juger no-
ble ; que votre quatrieme auteur, Jean le Jeune, frere de
Gilles le Jeune, Avocat à Saumur, & depuis Elu & Avocat
du Roi, épouſa honnête fille Françoiſe Foulon, fille de
Me Pierre Foulon, Licencié ès loix, Elu pour le Roi à
Saumur, & d'honnête femme Jacquette Saucier.

Voilà donc ce qui demeure avéré, d'aprés les plaidoiries
de mes Adverſaires, & je le demande à eux-mêmes actuellement, y a-t-il dans l'état de leurs premiers auteurs, dans
leurs alliances, dans leurs titres, la moindre choſe qui ne ſoit
pleinement excluſive de l'état de Créqui ? Ils ne l'étoient donc
pas ; & vous ne l'êtes pas par conſéquent, de votre propre
aveu : car vous avez été forcé de le reconnoître, vous ne
pouvez être que ce que vos premiers peres ont été.

La cauſe ſeroit donc décidée, même en faiſant grace à
Jean le Jeune, deuxieme auteur connu de mes Adverſaires,
de la qualité de Tapiſſier de M. le Duc d'Orléans, que je
lui ai attribuée : mais ai-je dû lui donner cette qualité ? Je
ſoutiens que oui. Voici mes preuves.

§ III.
Jean le Jeune,
Valet-de-chambre
de M. de Beaujeu
en 1478, avoit été
Tapiſſier de M. le
Duc d'Orléans en
1464.

Les ſieurs le Jeune nous ont appris, & nous ont appris
d'après une atteſtation donnée à Jean le Jeune en 1478, que ce
Jean le Jeune demeuroit alors chez M. de Beaujeu en qualité
de Valet-de-chambre, depuis 14 ans, c'eſt-à-dire, depuis la fin
de 1464.

Ils nous ont appris, d'après la même atteſtation, que Jean
le Jeune, avant d'entrer chez M. de Beaujeu, avoit demeuré
pendant quelques années chez M. le Duc Charles d'Orléans,
qui mourut en effet à la fin de 1464, & dont M. de Beaujeu
devoit alors épouſer la fille.

Quelle étoit donc la qualité de Jean le Jeune dans la maifon du Duc d'Orléans ? Je dis qu'il y étoit Tapiffier, & je le dis d'après un état de cette maifon que je rapporte, état qui fe trouve pleinement conforme aux comptes de la maifon d'Orleans qui font à la Chambre des Comptes, & que mes Adverfaires ont bien vu.

Je trouve employé dans les comptes de 1463 & 1464, ainfi que dans mon état, un Jean le Jeune, & je le trouve employé comme Tapiffier.

Petit Jehan le Jeune, Tapiffier. J'avois bien prévu, Meffieurs, que mes Adverfaires feroient quelque difficulté de le reconnoître pour leur auteur, parce qu'il eft appellé petit Jean, mais ces difficultés feront bientôt levées.

Suivant votre propre titre de 1478, Jean le Jeune, votre auteur, entré à la fin de 1464 chez M. de Beaujeu, étoit auparavant chez M. le Duc d'Orléans. Nous devons donc le trouver dans les états de la maifon & dans les comptes qui nous préfentent les noms & fur-noms de tous les Officiers fans exception. Montrez donc dans ces états & dans ces comptes un Jean le Jeune autre que celui dont je parle ; que fi vous n'en trouvez pas d'autre, il faut néceffairement que *Petit Jean le Jeune, Tapiffier* de M. le Duc d'Orléans, foit le même que Jean le Jeune, votre auteur, qui fut depuis Valet-de-chambre de M. de Beaujeu ; & à cet égard je vais vous propofer un raifonnement bien fimple.

Ou *Petit Jean le Jeune, Tapiffier* du Duc d'Orléans en 1463 & 1464, eft le même que votre auteur, ou votre auteur n'a pas été dans la maifon d'Orléans, puifque nous ne trouvons pas d'autre Jean le Jeune dans les états & dans les comptes : il n'y a pas de milieu.

8

Si Jean le Jeune, Tapiſſier de M. le Duc d'Orléans, eſt le même que votre auteur, la Cauſe eſt décidée de votre aveu ; car vous avez plaidé, & tout le monde l'a entendu, que ſi Jean le Jeune avoit été Tapiſſier de M. le Duc d'Orléans, il étoit évident qu'il n'étoit pas Créqui. Si au contraire votre auteur n'a pas été dans la maiſon d'Orléans avant d'entrer dans celle de Beaujeu, la Cauſe eſt encore décidée, car vous fondez toutes vos eſpérances ſur l'atteſtation de 1478 ; & dans ce cas il ſera démontré que vos Atteſtans étoient des impoſteurs, puiſqu'ils auront dit fauſſement que Jean le Jeune avoit été chez M. le Duc d'Orléans avant d'entrer chez M. de Beaujeu.

Choiſiſſez actuellement le parti qu'il vous convient d'opter. En attendant que vous vous déterminiez, je vais vous fournir d'autres preuves qui ne permettront pas de douter que Petit Jean le Jeune, Tapiſſier du Duc d'Orléans en 1463 & 1464, eſt le même individu que Jean le Jeune, depuis Valet-de-chambre de M. de Beaujeu.

J'en trouve la démonſtration la plus complette dans une quittance donnée en 1470 au nom du Valet-de-chambre de M. de Beaujeu pour les gages à lui dûs à raiſon de ſon ſervice chez M. le Duc d'Orléans en qualité de Tapiſſier.

« En la préſence de moy Loys Hellebout, Secrétaire de
» Madame la Ducheſſe d'Orléans, de Milan, &c. Roulequin
» Raoul, Varlet-de-chambre de madite Dame, a confeſſé
» avoir eu & reçeu ou nom & comme Procureur ſuffiſamment
» fondé de Petit Jehan le Jeune, Varlet-de-Chambre
» de M. de Beaujeu, comme par lettre de procuration ſur
» ce fait & paſſé par icelui Jehan le Jeune, en la Court
» du Roi, noſtre Seigneur, à Amboiſe, donnée du ſeizieme
» jour

» jour de Mai l'an préfent 1470, fcellées du fcel royal établi
» aux Contraux audit Amboife, & figné A. Guillon, m'eft
» fuffifamment apparu de honorable homme Michel Gaillart,
» Confeiller, Tréforier & Argentier de madite Dame, la
» fomme de 22 liv. 10 fols tournois fur ce qui peut lui être
» deu à caufe de fes gaiges ou penfion à lui ordonnée du tems
» qu'il a fervi ou vivant de feu Monfeigneur le Duc que Dieu
» abfolve, *EN OFFICE DE TAPICIER*, de laquelle fomme
» de 22 liv. 10 fols tournois ledit Roulequin, pour ledit Petit
» Jehan le Jeune & ounom que deffus, en a quitté & promet
» acquitter envers tous, madite Dame, fondit Tréforier &
» tous autres, tefmoing mon feing manuel cy mis le 29 jour
» de May l'an 1470, (figné,) L. Hellebout avec paraphe. «

Douterez-vous actuellement, Meffieurs, que l'individu porté dans les états de la maifon d'Orléans en 1463 & 1464, fous le nom de *petit Jean le Jeune*, *Tapiffier*, foit le même que *Jean le Jeune*, *depuis Valet-de-Chambre de M. de Beaujeu*? en douterez-vous quand vous voyez ICELUI JEAN LE JEUNE, VALET-DE-CHAMBRE DE M. DE BEAUJEU, donner des quittances de fes gages pour le tems qu'il avoit fervi feu M. le Duc d'Orléans, EN L'OFFICE DE TAPISSIER? En douterez-vous lorfque vous trouvez d'ailleurs que Jean le Jeune; Valet-de-Chambre de M. de Beaujeu, avoit fervi M. le Duc d'Orléans en 1463 & 1464, & que les états de la maifon de ce Prince ne vous préfentent pas d'autre Jean le Jeune que Petit Jean le Jeune, Tapiffier?

Que vous a-t-on dit, Meffieurs, pour vous prouver que le Tapiffier de M. le Duc d'Orléans & le Valet-de-Chambre de M. de Beaujeu n'étoient pas la même perfonne? Daignez-vous le rappeller.

B

» Il y avoit chez M. le Duc d'Orléans ún Petit Jean
» Godin, Tapiſſier : » Cela eſt vrai, mais Petit Jean
Godin & Petit Jean le Jeune ne peuvent pas être con-
fondus puiſquils ſont employés l'un & l'autre ſéparément
dans les mêmes comptes & dans les mêmes états.

» Petit Jean Godin & Petit Jean le Jeune a-t-on ajouté,
» étoient deux individus de la famille des Petit Jean, très-
» ancienne à Paris ; pour les diſtinguer on appelloit l'un
» Godin & l'autre le Jeune, mais leur veritable nom étoit
» Petit Jean.

Mais 1°. mes Adverſaires ont dû voir dans les comptes
& dans les états de la maiſon d'Orléans, que preſque tous
les Officiers grands & petits ſont déſignés par leur noms
de Baptême & leurs noms de famille. Jean étoit donc évidemment le nom de baptême de Godin & de le Jeune.
Les ſieurs le Jeune ne l'ignorent pas, car on m'a aſſuré à la
Chambre des Comptes leur avoir montré un état de la
Compagnie du Duc d'Orléans, fils du Duc Charles, mort en
1464, & dans cet état Petit Jean Godin ſe trouve compris
ſous le nom de Jean Godin. Jean ou Petit Jean n'étoient
donc évidemment que le nom de baptême & nous avons
une foule de titres anciens dans leſquels des Particuliers
dont le nom de baptême étoit Jean, ſont appellés in-
différemment Jean, Petit Jean, ou Jeannet.

En ſecond lieu, ſi l'un des deux Petit Jean dont il s'agit,
s'étoit appellé ſimplement Petit Jean, on auroit pu dire
que l'autre s'appelloit le Jeune, pour ſe diſtinguer : mais
ici l'un s'appelle Petit Jean Godin ; l'autre n'avoit donc
plus beſoin du nom de le Jeune pour prévenir la confuſion.

3°. Dans la quittance de 1470 nous voyons Petit Jean

le Jeune, appellé tantôt Petit Jean ; tantôt Jean : Jean ou Petit Jean n'étoient donc que le nom de baptême de le Jeune comme de Godin.

4°. Jean ou Petit Jean le Jeune, Tapiffier du Duc d'Orléans, en 1463 & 1464, étoit conftamment le même que Jean, Valet-de-Chambre de M. de Beaujeu, puifque celui-ci donne en cette qualité des quittances de gages pour le tems qu'il a fervi feu M. le Duc d'Orléans en l'Office de Tapiffier.

C'eft donc bien évidemment votre ayeul Jean le Jeune, Valet-de-Chambre de M. de Beaujeu qui avoit été auparavant Tapiffier de M. le Duc d'Orléans.

Mais m'a-t-on dit, les états que je rapporte & la quittance de Jean le Jeune ne peuvent pas fe concilier avec les comptes de la maifon d'Orléans qui font à la Chambre des Comptes, ni avec les titres des fieurs le Jeune ; il faut donc rejetter mes états & ma quittance de la caufe.

Mes états & ma quittance ne peuvent s'accorder, dites-vous, avec les comptes de la Chambre des Comptes & avec vos titres ! Et pourquoi donc ne s'accorderoient-ils pas ? Il me femble au contraire qu'ils fe concilient parfaitement.

En effet, mes états préfentent *un petit Jean le Jeune, Tapiffier en* 1464 ; mais dans les comptes de la maifon d'Orléans qui font à la Chambre des Comptes, je trouve pour cette même année *petit Jean le Jeune, Tapiffier.* Mes pieces ont donc du moins l'avantage d'être parfaitement d'accord avec celles de la Chambre des Comptes.

Sont-elles détruites par vos prétendus titres ? Il faudroit donc que vos prétendus titres détruififfent auffi les comptes de la maiſon d'Orléans, qui ſont à la Chambre des Comptes; & cela me paroît difficile.

D'ailleurs votre atteſtation de 1478 porte que Jean le Jeune, Valet-de-chambre de M. de Beaujeu depuis environ 14 ans, avoit été auparavant, c'eſt-à-dire en 1463 & 1464, au ſervice de M. le Duc d'Orléans : or les états, les comptes, la quittance prouvent en effet qu'en 1463 & 1464, il y avoit un petit Jean le Jeune, Tapiſſier de M. le Duc d'Orléans : ces pieces ne ſont donc pas en ce point inconciliables avec les vôtres ?

« Mais, dites-vous, Jean le Jeune étoit Valet-de-cham-
» bre de M. de Beaujeu, il ſuivoit M. de Beaujeu à l'armée,
» comment ſeroit-il poſſible qu'il n'eût été que le Tapiſſier
» de M. le Duc d'Orléans ? »

Je ne ſais pas ce que vous trouvez là d'invaiſemblable ! Que Jean le Jeune, Valet-de-chambre de M. de Beaujeu, ait ſuivi ſon Prince à l'armée, rien de plus naturel : petit Jean Godin, qui de votre aveu étoit Tapiſſier du Duc Charles d'Orléans, eſt bien employé depuis, en 1482, comme homme d'armes dans la compagnie de Louis, duc d'Orléans, fils du duc Charles : on pouvoit donc avoir commencé par être Tapiſſier du Duc d'Orléans, & être devenu depuis homme d'armes; après la mort de ce Prince, petit Jean Godin s'attacha à Louis d'Orléans ſon fils, & petit Jean le Jeune s'attacha à M. de Beaujeu ſon gendre, qu'y a-t-il là d'extraordinaire ?

« Mais, me dit-on, petit Jean le Jeune étoit Valet-de-
» chambre de M. de Beaujeu » : eh bien ! rien de plus naturel encore, il avoit été Tapiſſier du pere, il fut Valet-de-chambre du gendre.

Ici, Meſſieurs, je rends graces à mes Adverſaires, qui m'ont obligé d'aller à la Chambre des Comptes pour y vérifier les comptes de la maiſon d'Orléans de 1463 & 1464 ; j'ai parcouru ces pieces , & j'y ai trouvé d'abord la ſuite des Chambellans du Prince : ces places étoient toutes remplies par des perſonnes dont les noms ſont très-connus ; j'y ai vu enſuite les valets-de-chambre, qui ſont très-diſtincts des Chambellans, & ces Valets-de-chambre portent tous, puiſqu'il faut le dire, des noms très-communs & très-bourgeois. L'inſpection de ces comptes m'a prouvé que Loiſeau étoit parfaitement inſtruit , quand il a dit que , quelque tems après l'époque dont nous parlons, François I avoit été obligé de créer les places de Gentilshommes de la chambre , parce que celles de Valets-de-chambre n'étoient occupées que par des roturiers.

Sans doute les Valets - de - chamdre de M. de Beaujeu n'étoient pas plus diſtingués que ceux de M. le Duc d'Orléans & du Roi lui-même : il n'y avoit donc rien d'incompatible entre l'office de Tapiſſier de M. le Duc d'Orléans & la place de Valet-de-chambre de M. de Beaujeu qu'a occupée depuis Jean le Jeune.

Mais, me dit-on encore, comment Jean le Jeune auroit-il été Tapiſſier de M. le Duc d'Orléans en 1463 & 1464, lui qui, en 1482, (18 ans après) a obtenu des Lettres de Louis XI, *qui lui donnoient la permiſſion de faire le commerce ſans déroger, à la charge par lui de payer TOUS LES DROITS COMME TOUS LES AUTRES MARCHANDS DU ROYAUME*. N'eſt - il pas ſenſible que l'office de Tapiſſier du Duc d'Orléans ne ſe concilie pas avec ces Lettres ?

Si vos Lettres ne pouvoient pas ſe concilier avec cet office , elles ne fe concilieroient pas mieux avec la place de Valet-de-chambre de M. de Beaujeu , dont les Lettres ne parlent pas, & que Jean le Jeune occupoit cependant : elles ne fe concilieroient pas mieux avec votre propre atteftation de 1478 , & ce feroit tant pis pour votre atteftation & pour vos Lettres ; elles ne font déja que trop fufpectes.

Elles paroiffent datées du 7 Décembre 1482; Louis XI , en confidération de ce que les maifons & héritages de Jean le Jeune au pays d'Artois ont été brûlées & gâtées , & afin que ledit Jean le Jeune puiffe mieux vivre & entretenir fon état, lui permet de *marchander, fans qu'on puiffe le reprendre d'avoir dérogé, en payant les droits comme tous les autres marchands du Royaume.*

Ces Lettres , dis-je , paroiffent datées du 7 Décembre 1482 : cependant trois ans après, en 1485, Jean le Jeune effuie la plus vive conteftation au fujet de fa nobleffe, & il ne produifit pas ces lettres.

En 1494, (9 ans après) Jeannet le Jeune, demeurant à Ambricourt, neveu de Jean le Jeune, accourut à Tours auprès de fon oncle, pour fe faire donner des titres de nobleffe , & Jean le Jeune ne lui donna pas ces lettres.

En 1515 , (30 ans après) Jean le Jeune , fils du Valet-de-chambre de M. de Beaujeu , plaida contre les habitans de fa paroiffe, qui lui conteftoient fa nobleffe, & il ne produifit pas ces lettres.

Ce même Jean le Jeune fut obligé d'obtenir deux fois des lettres pour le relever du commerce qu'il avoit fait, & il ne préfenta par celles de 1482.

Enfin , ces prétendues Lettres de 1482 ont paru pour la premiere fois en 1635 (150 ans après leur date) dans la production que fit alors Pierre le Jeune, trifayeul de mes Adverfaires, pour établir fa nobleffe.

Mais, je l'ai déja plaidé, ce Pierre le Jeune, trifayeul de mes Adverfaires, fe faifoit defcendre des le Jeune-Contai : *il fe donnoit de faux parens, de l'aveu des fieurs le Jeune.* Ils en conviennent formellement. C'eft cependant ce Pierre le Jeune que mes Adverfaires eux-mêmes accufent aujourd'hui d'impofture, qui produifit le premier, au bout de 150 ans, les prétendues Lettres données par Louis XI, le 7 Décembre 1482, & qui les produifit uniquement pour fortifier un menfonge avéré, & pour établir qu'il étoit le Jeune-Contai.

Ces Lettres font donc juftement fufpectes; & fi, par malheur, elles ne s'accordoient pas avec mes états, ma quittance & les comptes de la maifon d'Orléans, ce feroit encore une fois tant pis pour elles.

Mais ces Lettres feroient-elles donc abfolument incompatibles avec mes pieces ? Il me femble que Jean le Jeune, Tapiffier de M. le Duc d'Orléans en 1464, depuis Valet-de-chambre de M. de Beaujeu, & employé, dit-on, dans la Compagnie de ce Prince, a pu, en 1482, 18 ans après, demander & obtenir des Lettres qui ne lui conféroient pas la nobleffe, s'il ne l'avoit pas d'ailleurs, qui ne lui affuroient aucun droit nouveau, & dont tout le bénéfice fe réduifoit à faire le commerce, *en payant les droits comme tous les autres Marchands du Royaume.* Je ne vois rien là de bien extraordinaire & d'invraifemblable. Petit Jean Godin, Tapiffier du Duc d'Orléans, & depuis homme d'armes, auroit obtenu fans difficulté de pareilles Lettres. Que fi vous perfiftez à croire qu'elles ne fe concilient pas avec mes titres, il eſt évident qu'il faut rejeter vos lettres dela cauſe, parce que mes titres ſont parfaitement d'accord avec ceux de la Chambre des Comptes, & même avec les vôtres.

Il vous eſt donc impoſſible abſolument d'enlever à Jean le Jeune, votre ſecond auteur connu, la qualité de Tapiſſier de M. le Duc d'Orléans, qu'il a eue très-certainement.

Faut-il actuellement que je réponde aux queſtions qu'on m'a faites pour jeter des nuages ſur ce poin tdémontré ?

Pourquoi ne me ſuis-je pas ſervi de ces pieccsaux Requêtes du palais? c'eſt que je ne les avois pas.

D'où le Marquis de Créqui les tient-il ? Vous le ſavez auſſi bien que moi. La Chambre des Comptes, reſſerrée dans des limites trop étroites, a été authoriſée à faire vendre des titres anciens qu'elle jugeroit inutiles; c'eſt de-là que je les tiens.

Avez-vous encore d'autres queſtions à faire ? Me voilà prêt à vous répondre, & à vous démontrer toujours que Jean le jeune, Valet de chambre de M. de Beaujeu, avoit été tapiſſier de M. le Duc d'Orléans.

Et ne dites pas que nous varions ſans ceſſe ; que nous avons voulu vous faire deſcendre d'abord d'un Charpentier, enſuite d'un Marchand de vin, & enfin d'un Tapiſſier.

Vous venez ici enfanter des chimeres pour les combattre; &.... feul prouve combien vous êtes accablé par la vérité des faits que je plaide.

Je n'ai jamais varié dans mes aſſertions ; j'ai prétendu que dans tous les tems les Bourgeois, même les Artiſans avoient eu leurs ſceaux, & je l'ai prouvé par l'exemple de Pierre

le

le Jeune, Charpentier, qui fcelloit en 1377 des quittances *de fon propre fcel.*

J'ai rapporté la defcription de ce fceau , faite par *le Pro-cureur du Roi de l'Election d'Arras , Juge-d'Armes de la Province ;* & fuivant cette defcription , le fceau de Pierre le Jeune préfente un créquier furmonté d'un maillet ; mais je n'ai jamais dit que vous defcendiez de ce Charpentier ; car je ne dis jamais que ce dont j'ai la preuve , & rien ne me prouve que vous en defcendez.

J'ai dit que Jean le Jeune votre fecond auteur connu , & Jeanne Secard fa femme avoient fait à Tours le commerce dé vin en détail : j'ai dû le dire , parce qu'en 1485 ils ont foutenu un procès à raifon de ce commerce , & que les Fermiers du Huitieme leur ont demandé les droits *pour certain grand nombre de vin à détail par eux vendu ;* ce font les termes de la Sentence de 1486.

Enfin, j'ai foutenu que Jean le Jeune avoit été Tapiffier de M. le Duc d'Orléans, & je l'ai prouvé : combattez les faits que je plaide fi vous le pouvez , mais ne venez pas m'attribuer les chimeres que vous enfantez; c'eft une reffource également indigne du Tribunal & de la caufe, & qui ne peut fervir qu'à décéler l'embarras de ceux qui l'emploient.

Quoi qu'il en foit, Jean le Jeune votre fecond auteur connu, a été Tapiffier de M. le Duc d'Orléans en 1463 & 1464; je l'ai pleinement démontré. Mais daignez vous rappeller, Meffieurs , les aveux réitérés qui font fortis de la bouche des fieurs le Jeune. Si Jean le Jeune a été Tapiffier du Duc d'Orléans, vous ont-ils dit , il eft démontré qu'il n'étoit pas Créqui: Jean le Jeune cependant a été Tapiffier ; il eft donc actuellement établi , par vos aveux même, que Jean le Jeune n'étoit pas Créqui : je pourrois terminer ici ma Réplique.

Mais je vais suivre mes Adversaires dans leurs discussions & vous verrez bientôt que sur tous les points sans exception ils m'ont donné le même avantage.

Je leur avois objecté, comme vous l'avez vu , qu'ils étoient dans l'impossibilité de prouver qu'*un feul* de leurs auteurs *eût préfumé un feul inftant* qu'il étoit Créqui ; & cette possession d'un état contraire , qui s'est perpétuée pendant trois fiecles , & qui est foutenue par dix mille titres peut-être, éleve sans doute contr'eux une barriere qu'ils ne pourront jamais franchir.

Que m'a-t-on répondu ? « Les droits du fang font impref-
» criptibles ; qu'importe l'opinion passée dès le Jeune ? Si
» Jean le Jeune leur fecond auteur connu, a prouvé léga-
» lement qu'il étoit Créqui, fes defcendans le feront comme
» lui. Toute la queftion fe réduit par conféquent, a-t-on
» ajouté , à ce point unique. Jean le Jeune a-t-il prouvé lé-
» galement qu'il étoit Créqui ?

§. IV.
Etat de la ques-
tion d'après les
fieurs le Jeune. Voilà donc , Messieurs , à quoi mes Adversaires eux-mêmes ont réduit la queftion. Jean le Jeune a-t-il prouvé lé-galement en 1478 qu'il étoit Créqui ? N'est-ce pas là ce que vous avez dit ? En ce cas la caufe fera bientôt décidée.

Vous vous rappellez, Messieurs, que Jean le Jeune fe-cond auteur connu de mes Adversaires, s'étant établi à Tours, y fut impofé à la taille en 1478, il réclama contre l'impofirion, & il prétendit qu'il étoit (non pas Créqui) mais le Jeune & noble. Il fut admis à la preuve du fait qu'il étoit noble. Il accourut à Paris & fe fit donner par cinq particuliers, chez un Notaire, un certificat de noblesse. Il revint à Tours; les Habitans de ſa Paroiſſe conſentirent de prendre droit par ce certificat ; & le 31 Novembre 1478, Jean le Jeune fut déclaré par une Sentence de l'Election , exempt de taille SANS DÉPENS : circonſtances qui vous prouvent aſſez que ce jugement fut paſſé de concert.

Vous vous rappellez auſſi , Meſſieurs, que ſept ans après ; (en 1485) le même Jean le Jeune fut inquiété dans ſa nobleſſe par les Fermiers du Huitieme : l'affaire fut portée à la même Election de Tours qui avoit rendu le Jugement précédent, Jean le Jeune y produiſit ſon Certificat & ſa Sentence de 1478, mais en vain ; les Elus lui ordonnerent de nouveau de faire la preuve de ſa nobleſſe , il fut obligé de faire une enquête en forme, & il intervint enſuite un Jugement qui le déclara exempt du droit du Huitieme dépens compenſés, *pour aucunes cauſes à ce nous mouvantes.*

Ce n'eſt pas dans cette ſeconde enquête que mes Adverſaires cherchent la prétendue preuve légale de la deſcendance de la maiſon de Créqui ; au contraire, je leur oppoſe moi-même cette enquête, je vous en ai donné la lecture entiere ; je vous ai prouvé qu'il n'y avoit pas un ſeul mot dont mes Adverſaires puſſent tirer l'avantage le plus léger , & que tous les Témoins s'y réuniſſent à dire que Jean le Jeune étoit né du lignage & parentage des le Jeune. Auſſi mes Adverſaires, qui en ſont convaincus plus que moi-même, n'ont ils pas oſé vous lire cette piece , ils ſe ſont contentés d'en préſenter une dépoſition, encore en a-t-on ſupprimé une partie; mais elle eſt imprimée en entier à la page 72 & ſuivantes de ma Plaidoirie, je vous ſupplie, Meſſieurs, de daigner y jetter les yeux, & vous ſerez convaincus de ce que j'ai l'honneur de vous atteſter formellement, qu'il n'y a pas un mot d'où l'on puiſſe induire que les le Jeune ſont Créqui, & qui ne ſoit pleinement deſtructif de cette fable.

Ce n'eſt donc pas en 1485 que Jean le Jeune a fait ſa prétendue preuve légale de la deſcendance de la maiſon de Créqui : mes Adverſaires ne cherchent cette preuve que dans l'atteſtation qui lui fut donnée en 1478 par Jean le Jeune, Baulde le Maître, Bauduchon Raoul, Tériſard de la Planque & Fremin Garçon : c'eſt donc , ſuivant vous-même , l'atteſtation de 1478 qui doit renfermer la preuve légale que Jean le Jeune deſcendoit de la maiſon de Créqui : c'eſt-là ce que vous avez plaidé; mais ſi cela eſt ainſi, la Cauſe, encore une fois, ſera bientôt décidée.

Loin que cette atteſtation ait préſenté dans le tems la preuve légale que Jean le Jeune fut Créqui, elle n'a pas même offert la preuve légale qu'il fut noble ; & ſi vous n'aviez que ce titre, vous ne ſeriez pas noble aujourd'hui.

En effet, ſept ans après l'atteſtation de 1478 , (en 1485) Jean le Jeune eſt attaqué dans ſa nobleſſe par les Fermiers du Huitieme ; l'affaire eſt portée devant la même Election de Tours & devant les mêmes individus qui avoient jugé la premiere conteſtation : Jean le Jeune repréſente le premier Jugement, & cependant l'Election regarde ſi peu la nobleſſe de Jean le Jeune comme prouvée & jugée, qu'elle ordonne que Jean le Jeune informera de ſa nobleſſe.

L'atteſtation de 1478 ne préſenta donc pas la preuve légale de la nobleſſe de Jean le Jeune , loin de préſenter la preuve légale de ſa deſcendance de la maiſon de Créqui : la prétendue preuve légale de Jean le Jeune eſt donc une chimere & par conſéquent la Cauſe eſt décidée contre vous d'après vos principes même.

J'avois fait cette obfervation dans mes plaidoiries, qu'a-t-on répondu ? rien, Meffieurs, & vous verrez dans tout le cours de la Caufe que cette méthode prudente eft très-familiere à mes Adverfaires.

Ils ont feulement effayé de jetter dans vos efprits l'opinion que Jean le Jeune n'avoit pas, en 1485, fait ufage du Jugement de 1478.

« Pourquoi, s'eft-on écrié, pourquoi notre auteur ne pro- » duifit-il pas alors la premiere Sentence ? »

Vous demandez pourquoi il ne produifit pas le premier Jugement ! jettez donc les yeux fur la Sentence de 1486 & vous y lirez :

« Et outre difoit ledit le Jeune que autrefois les habitans » de la paroiffe Saint-Pierre-Pullier de Tours l'avoient affis, » mis & impofé à la Taille, laquelle les Collecteurs d'icelle » s'efforçoient lui faire payer, & à ce s'oppofa & finalement » fut tant procédé, qu'il fut abfols de la demande defd. Col- » lecteurs, ainfi qu'il difoit apparoir par Lettres de Sentence » par nous données, &c. »

Jean le Jeune invoquoit donc bien réellement en 1485 le Jugement de 1478, & néanmoins, loin de le déclarer noble, on lui enjoignit de prouver de nouveau fa nobleffe : il n'en avoit donc pas fait une preuve légale en 1478, & par conféquent encore, d'après vos principes & vos aveux, il n'étoit pas Créqui, ni vous non plus.

Et comment s'eft-on permis d'avancer que Jean le Jeune avoit fait, en 1478, la preuve légale de fa defcendance de la maifon de Créqui ? Pour faire cette preuve légale, il auroit fallu , avant tout , articuler qu'il étoit Créqui ; il s'en donna bien de garde , parce qu'il favoit bien qu'il ne l'étoit pas.

Et avec qui encore auroit-il pu la faire cette preuve légale ? il eft évident qu'il ne l'auroit pu qu'en préfence des Créqui , feuls intéreffés. Il n'a donc ni fait ni pu faire une preuve légale ?

» Mais, vous a-t-on dit, Jean le Jeune plaidoit contre les » Collecteurs de fa paroiffe , il avoit dans leur perfonne des » contradicteurs légitimes. Les faits de nobleffe & de filiation » font intimement liés ; en prouvant qu'il étoit Créqui il » prouvoit qu'il étoit noble. »

C'eft ici une vaine fubtilité : les Collecteurs d'une paroiffe peuvent être intéreffés à ce qu'un roturier ne partage pas les priviléges des nobles, ils ont intérêt & qualité pour difcuter la nobleffe. Mais peu leur importe enfuite la famille particuliere dont on eft iffu ; qu'un homme noble foit Créqui , Montmorenci ou tout autre, cela leur eft fort indifférent, & fur ce point ils n'ont plus ni intérêt ni qualité pour avouer ou pour contefter.

Quand vous leur fuppoferiez intérêt & qualité, comment Jean le Jeune auroit-il pu faire avec eux une preuve légale de fa defcendance de la maifon de Créqui, puifqu'il n'articula même pas qu'il en defcendoit ?

" Cela n'étoit pas néceffaire, difent les fieurs le Jeune ; ,, car Jean le Jeune, qui plaidoit à Tours en 1478, favoit ,, bien que dans fa patrie, dans l'Artois, il étoit notoire que ,, les le Jeune étoient Créqui , il n'avoit donc pas befoin ,, de le dire. ,,

Ainfi donc Jean le Jeune n'articula pas à Tours , en 1478

qu'il étoit Créqui, parce qu'on le savoit EN ARTOIS ! & c'est avec des fables de cette nature qu'on se flatte de séduire la Justice & les Magistrats !

Mais j'avois observé à mes Adversaires, dans ma plaidoirie, qu'en 1494, seize ans après, Jeannet le Jeune, neveu de Jean le Jeune, qui étoit resté dans sa patrie à Ambricourt, fut inquiété dans sa Noblesse comme Jean le Jeune, son oncle, l'avoit été à Tours, qu'il étoit accouru auprès de son oncle pour se faire délivrer l'expédition de la Sentence de 1485, & pour y prendre un certificat de Noblesse. Je vous avois lu ce certificat que mon Adversaire m'a lui-même communiqué ; je l'ai fait imprimer dans ma plaidoirie, page 11, & j'en avois tiré la conséquence que les le Jeune ne passoient pas dans l'Artois pour être descendus de la maison de Créqui ; car s'ils y avoient été regardés comme Créqui, on n'auroit pas douté de leur Noblesse, & ils n'auroient pas eu besoin d'accourir à Tours pour y prendre des titres & des certificats.

Qu'avez-vous donc repondu à ces faits constants, tirés de vos pieces mêmes ? rien suivant votre usage, vous n'avez pas dit un seul mot de ce certificat, & vous imaginez sans doute que votre silence anéantit les titres : ainsi mes réponses sont perdues pour vous, vous ne voulez pas être convaincus ; mais elles ne seront pas perdues pour les Magistrats, & ils ne seront plus étonnés actuellement que Jean le Jeune n'ait pas articulé en 1478 qu'il étoit Créqui : que son fils, le Commis des Tailles, troublé comme son pere dans sa Noblesse depuis 1515 jusqu'en 1535, n'ait pas articulé qu'il étoit Créqui : que son arriere petit-fils troublé comme ses ayeux dans sa Noblesse en 1599, n'ait pas articulé qu'il étoit Créqui, & qu'enfin François le Jeune, votre bifayeul, le mari d'*Anne Bafcher*, *fille d'honorable homme Me. Pierre Bafcher*, *Receveur Général du Comte de Beaufort*, en préfentant aux Commiffaires du Roi fa généalogie le 3 Juin, 1667, ait déclaré formellement NE CONNOITRE D'AUTRES PERSONNES DE SON NOM, ARMES ET FAMILLE, QUE LES LE JEUNE QUI Y SONT COMPRIS; j'ai fait imprimer cette généalogie que vous m'avez toujours cachée avec tant de foin.

Il n'y a donc pas un feul membre de votre famille qui n'ait décidé contre vous que l'atteftation de 1478 ne contenoit pas une preuve légale de votre defcendance de la maifon de Créqui, & par une fuite néceffaire, vous n'êtes pas Créqui, d'après vos aveux, & d'après vos principes, car aujourd'hui je ne veux vous combattre qu'avec vos propres armes.

Continuons cependant de fuivre les fieurs le Jeune dans eurs difcuffions.

Qu'ont-ils dit pour prouver que l'atteftation de 1478 préfentoit la preuve légale que Jean le Jeune étoit Créqui ?

» Nous vivions, en 1478, fous l'empire des Loix Ro-
» maines ; or, fuivant ces Loix, la preuve de l'état des
» hommes ne pouvoit fe faire que par témoins : Jean le
» Jeune établit fon état de cette maniere : il fatisfit donc
» à tout ce qu'on pouvoit exiger de lui, fa preuve étoit
» légale, & l'on eft fondé à l'invoquer au bout de trois
» fiecles. »

Eft-il donc vrai, Monfieur, que fuivant les Loix Romaines, l'état des Citoyens ne fe prouvoit que par témoins ?

Si

Si nous confultons les difpofitions de ces Loix , nous voyons au contraire qu'à Rome, des regiftres publics conftatoient la naiffance de chaque Citoyen , & la preuve tirée de ces regiftres étoit fans contredit la premiere & la plus puiffante. On ne pouvoit même pas en admettre d'autres , quand les regiftres exiftoient. » *Non Epiftolis , non nudis adfeverationibus , nec ementitâ profeffione , fed natalibus neceffitudo confanguinitatis conjungitur.*

Mais quand les regiftres étoient perdus, quand il n'y avoit pas de regiftres, & c'étoit, j'en conviens, notre pofition en 1478 , permettoit-on à une partie fans indice , fans préfomption , fans commencement de preuves par écrit, de faire entendre des témoins pour dépofer en fa faveur?

Ce n'eft pas moi, Meffieurs, qui répondrai à la queftion, ce fera M. le Chancelier d'Agueffeau, dans le tome fecond de fes œuvres, page 46.

» C'eft un doute , dit ce Magiftrat, qui eft éclairci par » la loi feconde , au Code *de teftibus* ; telle étoit l'efpece de » cette Loi. Un affranchi prétendoit être né libre, & dans » l'état d'ingénuité : *Deffende caufam tuam inftrumentis &* » *argumentis quibus potes , foli enim teftes ad ingenuitatis pro-* » *bationem non fufficiunt.* Voilà donc , continue M. d'Aguef » feau, trois fortes de preuves que l'Empereur diftingue » dans les queftions d'Etat : les actes, les préfomptions , & » les témoins. Il décide nettement que les témoins ne peu » vent pas fuffire pour faire une preuve certaine. Il faut » néceffairement que les dépofitions des témoins foient fou » tenues, ou par la foi des actes , ou par la force des pré » fomptions ; & par là , on concilie l'intérêt du public avec » celui des particuliers : l'utilité publique eft fatisfaite en ce

D

» qu'on n'admet pas légérement à la preuve par témoins, &
» les particuliers ne fauroient pas fe plaindre, puifqu'on ne
» les réduit pas à l'impoffible de prouver leur état, lorfque
» les actes qui pouvoient s'établir font perdus. «

Et qu'on ne dife pas, Meffieurs, que cette Loi citée ici
& commentée par M. d'Agueffeau, ne s'applique pas aux
preuves de la naiffance, mais aux preuves de l'ingénuité:
il eft évident que fon efprit embraffe toutes les queftions qui
s'élevent fur l'état des hommes, & c'eft ainfi qu'elle a toujours été entendue & interprêtée; mais voulez-vous des
textes précis qui s'appliquent uniquement à la filiation? ouvrez le code au titre de *prob.* & *præfump.* & vous verrez
dans la Loi 29 ces termes énergiques, *probationes quæ de
filiis dantur, non in fola affirmatione teftium confiftunt.*

Auffi, Meffieurs, a-t-il été univerfellement reconnu de
tous les tems, que les Loix romaines admettoient trois fortes de preuves pour conftater l'état des hommes; 1°. les régiftres publics quand il y en avoit; 2°. les titres particuliers à défaut des régiftres; 3°. enfin la preuve teftimoniale
quand il s'agiffoit de compléter la preuve littérale.

Voilà quelles étoient les difpofitions des Loix, fous lefquelles nous vivions, de votre aveu, en 1478, & de là
il réfulte que la preuve teftimoniale n'étoit admife alors
que pour fortifier la foi des actes ou la force des préfomptions.

Mais comment parvenoit-on à fe faire admettre à cette
preuve teftimoniale, & quand elle étoit une fois admife,
comment fe formoit-elle?

A Rome comme en France on n'admettoit perfonne à la
preuve d'un état fans qu'il le réquît, parce que la raifon

qui eſt antérieure à toutes les Loix le veut ainſi , & que dans aucun Gouvernement les Loix n'ont jamais été au-devant d'un Citoyen pour le folliciter à changer d'état. Il falloit donc , avant tout, pour être admis à une preuve, demander à la faire.

2°. Quand on étoit admis à cette preuve, les témoins devoient être produits en Juſtice , & entendus par le Juge lui-même. *Div us Adrianus junio Rufino Proconfuli Macedoniæ refcripit TESTIBUS SE non teſtimoniis crediturum.* L. 3 , §. 3 , ff. de teſtibus.

En troiſieme lieu, les témoins , avant de dépoſer, devoient faire ferment de dire la vérité : *Jurifjurandi religione teſtes priuſquam perhibeant teſtimonium jamdudum arctari præcipimus.* L. 9, c. *de teſtibus.*

Renfermons - nous dans ces trois points : en voilà plus qu'il n'en faut dans le moment aĉtuel, & faiſons-en l'application.

1°. Jean le Jeune n'a jamais articulé qu'il fût Créqui : il ne demanda pas à faire la preuve de cet état : il ne put donc être admis à cette preuve , & fairé une preuve légale.

2°. Les Particuliers qui lui donnerent leur atteſtation, ne parurent pas devant le Juge : on ne leur dit même pas ſi Jean le Jeune avoit ou non un procès & devoit faire quelque preuve; ils ne ſavoient pas à quel uſage étoit deſtinée leur atteſtation, ils ſe rendirent dans l'étude d'un Notaire, & certifierent tout ce qu'on voulut.

3°. Ces Particuliers ne firent précéder leur déclaration d'aucun ferment de dire la vérité. Rien ne fut donc moins légal que la prétendue preuve de Jean le Jeune , & par conféquent encore d'après vos principes & d'après vos aveux vous n'êtes pas Créqui.

Faut-il que je rappelle actuellement les obfervations que que l'on s'eft permifes, pour donner à l'atteftation de 1478, une apparence de légalité?

On vous a dit d'abord, que les particuliers qui la donnerent, avoient juré de dire la vérité, parce que l'atteftation eft conçue en ces termes: Par devant les Notaires &c., font comparus &c, *lefquels dient, certifient & affirment, pour vérité, qu'ils ont bonne connoiffance*, &c. Et l'on n'a pas craint de foutenir que cette déclaration étoit un ferment! C'eft donc avec des affertions auffi ridicules & auffi puériles, qu'on fe flatte d'éluder les difpofitions des loix les plus faintes! Non, fans doute, cette déclaration n'eft pas un ferment; il faut, non pas une fimple affirmation, mais *une affirmation fous la religion du ferment*, pour remplir le vœu de la loi : ce font les termes de nos Ordonnances, comme vous le verrez bientôt; & l'atteftation de 1478, quand elle n'auroit que ce défaut, ne feroit pas légale.

„ Qu'importe, difent encore les fieurs le Jeune, ce dé-
„ faut de ferment; qu'importe auffi que la déclaration ait
„ été reçue par un Notaire où par un Juge; à l'époque dont
„ il s'agit, les Notaires au Châtelet de Paris avoient le droit
„ de faire les enquêtes »; pour le prouver, on vous a cité l'article 14 d'une ordonnance de 1304.

Effectivement, l'article cité eft conçu en ces termes:
„ *Teftes quorum* EXAMINATIO *eis commiffa fuerit diligenter,*
„ *& fideliter examinabunt,* &c.„

Vous avez cru, Meffieurs, & vous avez dû croire qu'en effet il s'agiffoit dans cet article des Notaires au Châtelet de Paris. Il n'en eſt cependant rien. Il s'agiſſoit uniquement des Secrétaires de la Cour, qu'on appelloit auſſi Notaires, & à qui on confioit le ſoin de quelques enquêtes.

Pour vous en convaincre, il ſuffit de jetter les yeux ſur l'article 13, qui précede immédiatement celui que je viens de lire. Il eſt conçu en ces termes :

„ *Item Notarii* CURIARUM *proceſſus Curiæ vel præcepta in* „ *ſuis propriis cartulariis non ponent, ſed in regiſtris Curiæ re-* „ *digent integre & diligenter ac fideliter conſervabunt, & Judi-* „ *cibus integre reddent regiminis ſibi commiſſi tranſito tempore* „ *vel finito.* „

Voilà l'article 13, dans lequel on parle évidemment des Secrétaires de la Cour; & c'eſt immédiatement après que vient l'article 14 que j'ai déja lu : „ *Teſtes quorum examinatio* „ *eis commiſſa fuerit diligenter, & fideliter examinabunt.* „

On a donc ouvertement abuſé de l'autorité que l'on a ci-tée, en appliquant à tous les Notaires au Châtelet de Paris, ce qui n'étoit preſcrit que pour les Secrétaires de la Cour.

Mais vous plaît-il de détourner le ſens de cette Ordonnance, & de ſuppoſer qu'elle concerne tous les Notaires au Châte-let ? Je ne m'y oppoſe pas. Qu'en conclurez-vous ? Les No-taires n'auroient pu entendre des témoins, qu'en vertu d'une commiſſion expreſſe : „ *Teſtes quorum examinatio eis com-* „ *miſſa fuerit diligenter examinabunt;* „ & dans ce cas, ils devoient remplir toutes les formalités preſcrites pour les enquêtes. Or, vos deux Notaires, chez qui vos Ta-piſſiers allerent dépoſer leur certificat, n'avoient aucune commiſſion, ne remplirent aucune forme, & ne ſavoient même pas l'uſage qu'on devoit faire de leur atteſtation : il n'y a donc rien de plus illégal que cette piece.

Les fieurs le Jeune infiftent cependant, & nous difent que la Sentence des Elus de Tours, avoit admis Jean le Jeune à informer de fa nobleffe, fommairement & de plein, & fans figure de procès : or, dans ce cas, c'étoit aux Notaires à recevoir les certificats ; & ces mots, *fommairement & de plein*, équivalent à une commiffion générale, adreffées à tous les Notaires du Royaume.

Vaines & ridicules allégations de la part de mes Adverfaires, comme tout ce que vous avez entendu de leur part jufqu'à cet inftant. Faut-il donner l'intelligence de ces mots, fommairement & de plein ? Vous en trouverez l'explication dans un Réglement de Charles V de 1377, Art. 5. (a)

,, Que Parties ne foient mifes en procès de écriture & au-
,, dition ordinaire par commiffion & écriture pour caufe qu'ils
,, aient qui ne monte plus de 20 f. Parifis. Mais foient délivrées
,, *fommairement & de plein*, & fe il faut témoins foient exa-
,, minés en l'Audience. ,,

Ainfi, alors comme aujourd'hui, une enquête fommaire, étoit une enquête faite fommairement à l'Audience, ce qui ne devoit fe pratiquer que dans les matieres infiniment legeres. Vous ne préfentez donc à la Juftice que des fuppofitions & des erreurs, pour établir que Jean le Jeune fit, en 1478 une preuve légale de fon état ; & par conféquent, d'après vos propres principes, il n'était pas Créqui ni vous non plus.

Mais ce n'eft pas feulement par les difpofitions des loix Romaines que mes Adverfaires ont voulu prouver que Jean le Jeune avoit fait une preuve légale de fon état. Ils m'ont encore oppofé quelques loix Françoifes, & je dois vous dé-

______

(a) Ordonnances du Louvre, Tom. VI, pag. 303.

montrer que leur défenfe fous ce point de vue, préfente toujours les mêmes vices & les mêmes abus.

,, Ce n'eft, m'a-t-on dit, qu'en 1539, que nous avons
,, eu en France des regiftres qui conftatoient la naiffance
,, des citoyens : Jean le Jeune n'avoit donc pas pu en 1478,
,, établir fa filiation par fon acte de Baptême ; il ne put faire
,, fa preuve que par témoins : un Capitulaire de Louis le
,, Débonnaire, de l'an 801, porte expreffément que la
,, preuve de l'état fe feroit de cette maniere. Saint Louis,
,, dans fes établiffemens, fupprima l'ufage du duel dans fes
,, Domaines, & y fubftitua la preuve teftimoniale. Louis XII,
,, en 1492, ordonna pareillement que les Gradués établi-
,, roient leur nobleffe par témoins : l'Abbeffe de Maubeuge
,, ne recevoit dans fon Chapitre, que fur une preuve de
,, cette nature. Il n'y avoit donc pas d'autre maniere de
,, prouver fon état, & Jean le Jeune, par conféquent, fit
,, une preuve légale du fien. ,,

Voilà ce que vous avez entendu, Meffieurs, & voici ma réponfe. Je ne vous répéterai pas que fuivant toutes ces loix,
pour être admis à la preuve d'un état, il falloit le demander, &
que Jean le Jeune ne fe prétendit jamais Créqui : je ne ferai pas fi difficile avec mes Adverfaires. Je fuppofe que Jean
le Jeune a articulé qu'il étoit Créqui, qu'il a été admis à
la preuve de ce fait. Que mes Adverfaires me difent actuellement par quelles loix ils veulent décider la queftion qui
nous divife.

Eft-ce par le Capitulaire de Louis le Débonnaire ? Je le
veux bien : le voici tel qu'il a été traduit par Bruffel.

« Que celui à qui un autre contefte fon état jufqu'au point
» d'amener un procinct de témoins pour le convaincre, pro-
» duife huit hommes légitimes de la ligne du côté de laquelle

» on attaque fa naiffance, foit que cette ligne foit la pater-
» nelle ou la maternelle ; qu'il ait encore d'ailleurs quatre
» autres témoins non moins légitimes , & que par le ferment
» de ces douze hommes , il établiffe la franchife de fa naif-
» fance : que fi le procinct lui manque, qu'il prenne , d'où
» il voudra, 12 hommes libres , & qu'il deffende par leur
» ferment la franchife de leur état. »

Eft-ce bien cette Loi que vous invoquez? Eh bien! pour faire
une preuve légale, il falloit 1.º avoir le defir de prouver cet
état & le réclamer ; 2.º il falloit avoir douze témoins ; 3.º il
falloit les amener à la Juftice ; 4.º ils devoient dépofer fous
la religion du ferment. Jean le Jeune ne fit donc pas une
preuve légale, puifqu'il n'avoit pas douze témoins, qu'il
ne les produifit pas à la Juftice , & qu'ils ne firent aucun
ferment, & par conféquent encore d'après vos principes , il
n'étoit pas Créqui , ni vous non plus.

Aimez-vous mieux être jugé par les établiffemens de Saint
Louis? Je le veux bien. Ce Monarque défend les batailles
dans fes domaines , & au lieu de batailles , dit-il, *nous met-*
tons preuve de témoins ou de Chartes , felon le droit écrit (a).

Mais vous avez vu que Jean le Jeune n'avoit pas fait la
preuve légale de fon état , fuivant les Loix romaines , & par
conféquent encore dans vos principes même, & d'après les établiffemens de S. Louis, il n'étoit pas Créqui, ni vous non plus.

Préférez-vous d'être jugé d'après l'Ordonnance de 1492,
au fujet des Gradués? Je ne m'y oppofe pas : voici comme
elle s'exprime :

« Et de ladite nobleffe feront lefdits Gradués fimples &

(a) Ordonnances du Louvre, Tom. 1, pag. 111.

,, Gradués

33

,, Gradués nommés apparoir auxdits Collateurs ou Patrons,
,, ou en leur abfence à leurfdits Vicaires-Généraux par attef-
,, tation ou affirmation de trois ou quatre perfonnes dignes
,, de foi, lefquels *par ferment affirmeront pardevant nos Juges*
,, *ordinaires ou l'un d'eux*, la noblefle d'ancienne lignée de
,, l'un & l'autre parent d'iceux Gradués être véritable, &
,, *d'icelle affirmation fera fait regiftre par nofdits Juges ordi-*
,, *naires ou leurs Greffiers.* »

Ainfi le Gradué devoit, 1.º faire affirmer fa noblefle pardevant les Juges ordinaires; 2.º la faire affirmer par ferment;
3.º en faire faire regiftre au greffe.

Jean le Jeune ne fatisfit pas à ces obligations, & par conféquent il ne fit pas même l'efpece de preuve légale qu'on exigeoit d'un Gradué noble, pour qu'il pût jouir de fon privilége.

Trouvez-vous les difpofitions de ces Loix trop dures, &
voulez-vous enfin prendre pour regle l'ufage de l'Abbefle de
Maubeuge, quand elle vérifioit la noblefle d'une perfonne
qui fe préfentoit pour entrer dans fon Chapitre? Je le veux
bien encore : fur une atteftation pareille à celle qui fut donnée à Jean le Jeune, jamais une fille n'auroit été admife dans
le Chapitre de Maubeuge.

Vous avez rapporté deux de ces atteftations données en
1485 & 1520; la premiere à demoifelle Marie de Bouflers,
& la feconde à Louife de Bouflers; j'y ai vu que *Ferri de*
Coi, Chevalier de la Toifon d'or; Hugues de Melun, Vicomte
de Gand; Jean d'Hallu, Chambellan du Roi, & Nicolas de
Montmorenci, prochains confanguins & coufins de la demoi-
felle de Bouflers, atteftent que *ladite de Bouflers leur pro-*
chaine confanguine & coufine, eft iflue *de par fon pere Jean,*
Seigneur de Bouflers, de ceux de Bouflers; l'Abbefle de Mau-

E

beuge crut fur la foi des Croi, des Melun, des d'Hallu &
des Montmorenci, *prochains confanguins & coufins des Bou-*
flers, que *Louife de Bouflers, fille de Jean, Seigneur de Bou-*
flers, étoit de la maifon *des Bouflers*, & cela n'étoit pas difficile à croire.

Mais fi l'on avoit préfenté à l'Abbeffe de Maubeuge un
certificat tel que celui de 1478, fi les honorables hommes
Baulde le Maitre, Terifard de la Planque, Bauduchon Raoul
& Fremin Garçon, avoient certifié qu'une *Jeanne le Jeune*,
par exemple, étoit iffue par fon pere *Taffart le Jeune*, de
ceux de Bouflers ou de ceux de Créqui, elle auroit rejeté
ce certificat impofteur avec indignation, & Jeanne le Jeune
ne feroit jamais entrée, fur cette atteftation, dans le Chapitre
de Maubeuge.

Jean le Jeune ne fit donc pas même l'efpece de preuve
qu'auroit dû faire une fille noble pour être reçue dans un
Chapitre, & l'on ofe cependant plaider dans le fanctuaire
de la Juftice, & fous les yeux des premiers Magiftrats du
Royaume, que Jean le Jeune a fait, en 1478, une preuve
légale de fon état ! & l'on entreprend d'en impofer aux Mi-
niftres des Loix par un vain étalage d'érudition & par des
citations faftueufes d'autorités, dont le fens eft perpétuellement détourné ? Avez-vous donc cru qu'il vous fuffifoit de
fournir ici des prétextes pour obtenir un Jugement ? penfez-
vous que les Loix fléchiront pour flatter votre ambition &
vos defirs ? vous vous êtes donc formé une idée bien étrange
de la Juftice & des Tribunaux ?

Voilà cependant, Meffieurs, à quoi fe réduit tout ce
qu'on a plaidé fur l'atteftation de 1478, la feule piece que
mes Adverfaires puiffent invoquer, & vous avez actuellement

pour elle, je ne crains pas de le dire, tout le mépris qu'ont eu & Jean le Jeune lui-même, & son fils, & tous ses descendans jusqu'à nous.

Mais combien ce mépris augmenteroit encore, si vous vouliez confidérer les circonftances qui ont accompagné cette atteftation ?

Jean le Jeune eft impofé à la taille à Tours, où il étoit étranger, dit-on ; il dit qu'il eft noble, on l'admet à la preuve : où va-t-il la faire cette preuve ? Eft-ce dans l'Artois, dans fa patrie, dans le centre de fa famille ? Non, Meffieurs, c'eft à Paris, où perfonne ne le connoît. Qui fait-il entendre ? font-ce des membres de fa famille, ou des Gentilshommes de M. de Beaujeu, dont il pouvoit être connu, puifqu'il étoit attaché à ce Prince ? Non, Meffieurs, il mene chez un Notaire quatre à cinq Marchands ou Tapiffiers, dont il arrache un certificat, & voilà comme il prouve fa nobleffe.

On vous a dit que Jean le Jeune n'avoit pas pu aller dans l'Artois, parce que cette province étoit alors le théâtre de la guerre, & qu'il étoit impoffible d'y pénétrer.

Ouvrez donc tous nos Hiftoriens, & vous verrez qu'il n'y a pas eu d'époque où l'on ait pu aller plus librement & plus sûrement en Artois que dans l'année 1478.

Le dernier Duc de Bourgogne ayant été tué au fiége de Nanci en 1477, & ne laiffant d'autre héritiere que Marie de Bourgogne fa fille, Louis XI fe faifit auffi-tôt & fans aucun obftacle de l'Artois, qui, fuivant la Loi des apanages, devoit être réuni à la couronne, faute d'hoirs mâles. Il voulut s'emparer auffi de plufieurs places de la Flandre & de la Bourgogne ; il trouva de la réfiftance, mais il fe faifit fans difficulté de l'Artois. Ce Prince paffa même dans cette province une grande partie de l'année 1478 : nous trouvons dans le Recueil de Blanchard deux Ordonnances du mois d'Avril, datées d'Hefdin, & huit Ordonnances des mois d'Avril, de Mai, de Juin, de Juillet, datées d'Arras. Louis XI quitta l'Artois au mois de Juillet ; mais voici comment le continuateur de Monftrelet parle de fon départ.

« Audit mois de Juillet furent & fe tranfporterent dans ,, ladite ville d'Arras pardevers le Roy, illec étant une ,, grande ambaffade dudit Maximilien d'Autriche, auffi des ,, habitans des villes & pays de Flandre, lefquels furent ouïs ,, par le Roy & fon Confeil, & fur ce qu'ils voulurent dire, ,, à grande & mure délibération fut appointé entre le Roy ,, & lefdits Maximilien & Flaments que la guerre qui lors ,, étoit oudit pays, cefferoit jufques à un an, *pendant le-* ,, *quel iroient sûrement de chacun des deux cotes toutes per-* ,, *fonnes de l'un parti en l'autre, & que toute marchandife* ,, *auroit fon plein cours, & a tant s'en partit le Roy.* »

Louis XI ne partit donc qu'après une treve qui avoit affuré la plus libre communication entre l'Artois dont il étoit le maître, & la Flandre qu'on lui difputoit. Il laiffa à Arras un Gouverneur & un Procureur-Général : nous voyons même que fon autorité y étoit fi bien établie, que le Procureur-Général ayant eu quelques intelligences avec Maximilien & les Flamands, fut arrêté par ordre du Gouverneur, au mois de Novembre, & envoyé à Louis XI, qui le fit punir. Enfin la treve d'un an faite au mois de Juillet 1478, fut religieufement obfervée. Il n'y a donc pas eu d'époque où la communication avec l'Artois ait été plus libre & plus facile qu'en 1478, & fi Jean le Jeune ne voulut pas y aller, c'eft qu'il avoit intérêt de faire une preuve clandeftine.

̀ Mais , me dit-on, pourquoi auroit-il été à Arras , puif-
» qu'il trouva à Paris des Artéfiens qui dépoferent de fa no-
» bleffe.

Vous ~~demandez pourquoi~~ il fe feroit tranfporté à Arras ! Il
y feroit venu pour attefter la notoriété publique fur fa nobleffe conteftée , pour faire entendre les Habitans de ce vil-
lage d'Ambricourt qui , difoit-on, n'étoit habité que par
des Gentilshommes, pour fe préfenter à la maifon de Créqui,
dont on le dit iffu , & pour ne pas commettre fon état à la
feule foi de quelques Marchands ou Tapiffiers.

» Non , s'écrient les fieurs le Jeune, il ne devoit pas aller
» en Artois , il y étoit haï, parce qu'il s'étoit attaché au Roi
„ de France , & la maifon de Créqui l'auroit certainement
„ méconnu.

La maifon de Créqui l'auroit méconnu ! Et comment
auroit-elle pu le méconnoître , fi comme vous le dites il étoit
notoire que les le Jeune fuffent des Créqui. La maifon de
Créqui auroit-elle pu étouffer la notoriété publique ? Mais-
fi la maifon de Créqui avoit dû le méconnoître , parce qu'il
s'étoit attaché à la France , la France qu'il fervoit auroit donc
dû l'avouer par la même raifon; Jean le Jeune fe feroit préfenté
à Louis XI , & lui auroit dit : " J'ai tout facrifié pour vous
„ fuivre , mon état, mon pays, ma fortune , tout eft perdu
„ pour moi, confervez-moi du moins mon nom & mon
„ honneur. „

Vous n'offrez donc à la Juftice qu'un tiffu mal-à-droit de
fuppofitions , de contradictions & d'erreurs.

C'en eft une bien grande de penfer qu'un Créqui auroit
abandonné fa patrie pour le plaifir unique de venir à Paris fe
faire Tapiffier du Duc d'Orléans, comme Jean le Jeune l'é-

toit, ou du moins pour y languir dans la mifere, comme mes Adverfaires l'ont plaidé.

Tous les Citoyens qui déferterent la Cour de Bourgogne pour s'attacher à Louis XI, ~~dont la fortune prévalut~~, firent une fortune brillante : je pourrois en citer un grand nombre d'exemples, cela eft inutile, mon Adverfaire lui-même a parlé de M. de la Vaquerie. Le feul Jean le Jeuue auroit-il donc quitté un état brillant pour fe vouer en France à la mifere & à l'obfcurité ? Seroit-il venu uniquement pour y perdre la mémoire de fa filiation fi abfolument, que ni lui ni aucuns de fes defcendans n'ont jamais pu s'en reffouvenir ? Voilà cependant, voilà les fables monftrueufes qu'on vient fubftituer avec une apparence de confiance aux raifons qui manquent.

,, Mais pourquoi donc, vous a-t-on dit, pourquoi les ,, Particuliers qui donnerent leur atteftation en 1478, en ,, auroient-ils impofé à la Juftice ? Ils ont dépofé de douze ,, faits ; & de ces douze faits, onze font vrais, le douzieme ,, doit donc l'être.

Ici, Meffieurs, vous reconnoîtrez parfaitement l'efprit qui dirige toute la conduite & toute la défenfe de mes Adverfaires. Ils trouvent, difent-ils, onze faits vrais dans l'atteftation de 1478 : mais quels font ces faits, *c'eft qu'il y a eu un Robert des Marquets, Lieutenant Général, qu'il y a eu une le Jeune à l'Abbaye du Tuilloie, que Taffart le Jeune avoit des fours banniers* & autres faits de cette efpece. Mais ces faits prétendus vrais, & que je n'ai ni intérêt, ni le tems, ni le defir de difcuter, ces faits ne font pas dans l'atteftation des honorables hommes *Baulde le Maitre*, *Bouduchon*,

Raoul, *Tarifard de la Planque*, *Fremin Garçon*. Ils fe trouvent au contraire dans l'atteftation poftérieure de Robert des Marquets, & dans l'enquête de 1485.

Avez-vous donc oublié que Robert des Marquets & les Témoins de 1485 ont tous dépofé que Jean le Jeune étoit iffu du lignage & parentage dès le Jeune, qu'ils n'ont pas dit un mot d'où vous puiffiez induire votre prétendue defcendance de la maifon de Créqui, que je vous oppofe ces enquêtes? ainfi plus vous trouverez des faits vrais dans ces pieces, & plus vous prouverez que vous n'êtes que des le Jeune, & plus vous détruirez par conféquent votre atteftation de 1478, dans laquelle les faits vrais ne fe trouvent pas.

Mais je me fuis trop arrêté à difcuter cette piece, je me hâte de l'abandonner, & je n'ajoute qu'une réflexion. Vos Atteftans de 1478, font convaincus, de votre aveu, de la plus haute impofture.

Fremin Garçon l'un d'eux, a été entendu comme témoin dans l'enquête de 1485, il déclare qu'il a vu Jean le Jeune vivre noblement chez fon pere; il dépofe qu'il n'a que 36 ans.

Il n'a que trente-fix ans en 1485 ! il eft donc né en 1449. Mais confultez *l'ouvrage du fieur d'Hofier, votre propre généalogifte, pag.* 2, vous y lirez que Jean le Jeune quitta l'Artois, & vint s'établir en France vers 1450. Fremin Garçon, né en 1449, n'avoit donc alors qu'un an : comment auroit-il pu voir Jean le Jeune vivre noblement chez fon pere? Fremin Garçon étoit donc un faux témoin d'après votre propre généalogie.

Ce n'eft pas tout, Fremin Garçon, entendu en 1485, dépofe que Jean le Jeune eft fils de Taffart le Jeune, que Taffart le Jeune vivoit noblement, qu'il a vu *le frere* de

Jean le Jeune porter armes, que *l'on dit* dépendantes de l'Hôtel de Créqui : ET AUTRE CHOSE NE SAIT : voilà tout ce qu'il fait en 1485 , lorfqu'entendu par le Juge , il dépofe fous la religion du ferment ! comment donc auroit-il pu dire chez le Notaire, en 1478 , que Jean le Jeune étoit Créqui : il eft donc évident que ce n'eft pas là ce qu'il voulu dire. Vous plaît-il cependant de fuppofer qu'il avoit dit en 1478 , que Jean le Jeune étoit Créqui? J'y confens encore. Mais fi cela eft, il a reconnu en 1485 , fept ans après , qu'il avoit dit une impofture, puifqu'il a dépofé, expreffément *que tout ce qu'il fait* , c'eft que *le frere* de Jean le Jeune portoit armes que l'on *difoit* dépendantes des armes de l'Hôtel de Créqui.

Ainfi , ou les atteftans ont dit en 1478 , que Jean le Jeune étoit Créqui, ou ils ne l'ont pas dit. Choififfez ce qui vous conviendra : fi les atteftans n'ont pas dit que Jean le Jeune étoit Créqui, vous ne pouvez évidemment tirer aucun avantage de leur certificat : s'ils ont dit au contraire que Jean le Jeune étoit Créqui, ils ont déclaré en 1485 , qu'ils avoient dit une impofture ; & cela vous explique parfaitement le mépris que Jean le Jeune & tous fes defcendans jufqu'à nous ont fait de l'atteftation de 1478.

Au lieu de fe jeter dans une infinité d'écarts, on auroit bien dû répondre à ce raifonnement ; il méritoit peut-être d'occuper mes Adverfaires (*a*).

Enfin, Meffieurs, enfin j'ai pleinement détruit le certificat, qui feul paroiffoit étayer leurs prétentions ; & j'ai anéanti toutes les fuppofitions & tous les fophifmes qu'on

______

(*a*) LES SIEURS LE JEUNE N'EN ONT PAS DIT UN MOT DANS LEUR DERNIERE REPLIQUE.

avoit

avoit hasardé pour le défendre : peut-être me reprochez-vous d'avoir consumé trop de tems à combattre une piece pareille , qui n'a pas même suffi pour infpirer à *un feul* des ayeux de mes Adverfaires , depuis 300 ans, *le fimple foupçon* qu'il defcendoit de la Maifon de Créqui; mais cette piece, telle qu'elle eft, eft le fondement unique des prétentions des fieurs le Jeune, & j'ai cru ne devoir laiffer fans réponfe aucun de leurs fophifmes. Au furplus, le refte de leur défenfe ne m'occupera pas long-tems, & mériteroit à peine un réponfe.

Mes Adverfaires invoquent leurs armes actuelles comme un témoignage de leur defcendance de la maifon de Créqui; j'avois obfervé que depuis Taffart le jeune , leur premier auteur, qui vivoit vers 1440 jufqu'à 1621 , ces armes n'avoient paru fur aucun monument; qu'à cette époque, pour la premiere fois, elles avoient été mifes fur la tombe de Jean le Jeune, leur cinquieme auteur connu , mais qu'elles y avoient été mifes par le même *Pierre le Jeune* , leur fixieme auteur, qui quinze ans après en 1635, obligé de prouver fa nobleffe fe faifoit defcendre des le Jeune Contai, que mes Adverfaires abjurent aujourd'hui. Mais fi Pierre le Jeune de votre aveu s'eft donné de faux parens, il auroit bien pu fe donner de fauffes armes. Qu'avez-vous répondu à cette obfervation ? rien , fuivant votre ufage.

Vous avez répété que ces armes avoient été portées vers 1380, par un Taffart le Jeune, Procureur - Général du Comté d'Artois , que le fieur d'Hofier à exclu de votre généalogie, & que vous reclamés aujourd'hui, parce que vous croyez en avoir befoin ; mais rien , abfolument rien,

F

§ V.
Les Armes de
fieurs le Jeune ne
prouvent rien.

ne vous lie à ce Taffert le Jeune plus qu'à trente autres le Jeune qui vivoient en Artois à la même époque, je l'avois plaidé : Comment avez-vous établi le contraire ?

Votre auteur Taffart le Jeune, avez-vous dit, a fourni en 1433 un aveu d'un fief relevant du Seigneur de Verchin, or ce même fief avoit été reporté au feigneur de Verchin en 1393, par Taffart le Jeune, Procureur-Général : donc votre auteur a poffédé les biens du Procureur-Général, donc il en étoit iffu.

Pour la validité de ce raifonnement, il ne manque qu'une chofe, c'eft la vérité du fait. Le Procureur-Général Taffart le Jeune n'a jamais fait en 1393 l'aveu du fief fitué à Verchin ; en 1393 le Seigneur de Verchin fournit, il eft vrai, un aveu au Comte de St. Pol, & dans cet aveu il dit *item en tient Taffart le Joule un fief à 60 fols de relief.* Mais où trouvez-vous que Taffart le Joule eft Taffart le Jeune, le Procureur-Général du Comté d'Artois? Sur quel fondement avez-vous plaidé l'identité de ces deux perfonnes? Vous n'en avez pas eu d'autres motifs que le befoin actuel de votre caufe, vous ne prouvez donc en aucune maniere votre liaifon avec le Procureur Général.

Mais, n'importe, vous en ferez defcendu, fi vous voulez, j'y confens ; ce Taffart le Jeune étoit Procureur-Général du Comté d'Artois, comme le Procureur du Comte de St. Pol étoit Procureur-Général de ce Comté : tous les Procureurs du Roi des Baillages prenoient alors le titre de Procureurs-Généraux. Les ordonnances du Louvre en fournifent cent exemples (*a*). Tout cela ne le faifoit pas Créqui.

Je vous avois obfervé d'ailleurs que Taffart le Jeune n'avoit

____

(*a*) Ordonnances du Louvre, tom. 2 pag. 426 ; tom. 4 pag. 574, 618, 619, 621 ; tom. 5, pag. 110 ; tom 6, pag. 7 ; tom. 9, pag. 376, &c., &c.

dans aucun acte pris jamais aucunes qualités de Chevalier, d'Ecuyer ou autres, d'où il réfulte qu'il n'en avoit aucune ; qu'avez-vous répondu ? rien, parce que le fait que j'ai plaidé eft conftant.

Je vous avois obfervé qu'il étoit proche parent de Bertrand le Jofne, Greffier de la Ville d'Arras, ce qui exclut une naiffance diftinguée, qu'avez-vous répondu ? rien, parce que le fait que j'ai plaidé eft vrai.

J'avois obfervé qu'il étoit gendre de Colard Rumet, Receveur de la Baillie d'Hefdin à qui on ne donna jamais que le titre d'*honnéte homme & fage*, qualité qui décele la roture. Qu'avez-vous répondu ? Vous avez prétendu que la famille des Rumet étoit noble. Vous l'avez prétendu fur la foi d'un citoyen d'Abbeville, qui dans le cours du fiecle dernier a fait une hiftoire chronologique des Maïeurs de cette Ville, & qui a l'article d'Antoine Rumet, Maire en 1627, a dit que les Rumet prouvoient leur nobleffe depuis 400 ans, & avoient pris les qualités d'Ecuyers ; mais fi cela eft ainfi, Colard Rumet dont il s'agit n'eft pas de la famille des Maire d'Abbeville, puifqu'il ne prenoit que la qualité d'*honnéte homme & fage*. Auffi dans votre prétendue généalogie des Rumet, je trouve bien un *Guiot Rumet*, Garde du Bailliage d'Hefdin, mais je ne trouve pas de Colard Rumet, Receveur de la Baillie d'Hefdin, comme le nôtre.

Vous avez obfervé que dans cette généalogie on trouvoit un Colard Rumet qui avoit, difoit-on, époufé une Créqui. Cela peut-être : mais vous auriez grand tort de conclure de fon nom feul, qu'elle étoit de la maifon de Créqui : le fieur d'Hofier vous a dit lui-même dans l'article d'Ales de Corbet : *on a mille exemples de familles d'un nom femblable, établies dans la même Province sans qu'il y ait entre elles la moindre affi-nité.* Comment donc pouvez-vous regarder une personne comme de la maison de Créqui, par cela seul qu'elle sera appellée Créqui ? si vous méprisez si ouvertement l'autorité du sieur d'Hosier, qui est-ce qui la respectera ? D'ailleurs vous devriez bien au moins une fois être conséquents ; vous ne voulez pas être parents d'une foule de le Jeune qui portoient en Artois votre nom, par qu'elle bifarrerie inconcevable, vous plait-il donc d'attribuer à notre maison tous les individus qui auront porté le nom de Créqui ?

Aujourd'hui même, au moment où je parle, il y a dans l'Artois plusieurs particuliers nés dans les derniers rangs de la société, & qui portent le nom de Créqui parce que leurs peres l'ont porté mais qui ne sont pas pour cela de la maison de Créqui ; qui pourroit en être surpris ? Le nom auguste de Bourbon lui-même appartient à des personnes qui ne tiennent à la maison de Bourbon que par le respect qu'elle inspire.

En voilà trop sans doute sur la prétendue Créqui qui a, dites-vous, épousé un Rumet. Ce que je viens de dire écarte également les inductions que vous avez essayé de tirer de l'existence de plusieurs individus qui ont porté le nom de Créqui & qui ne sont pas compris dans la généalogie de cette maison : rien ne prouve qu'ils en étoient des membres ; je reviens enfin au raisonnement que vous faites sur vos armes, & je simplifierai singuliérement ma Cause.

J'ai opposé à mes Adversaires le témoignage unanime des auteurs héraldiques, & du sieur d'Hosier lui-même, qui nous atteste que l'identité des armes ne prouve en aucune maniere l'identité de l'origine.

Qu'avez-vous répondu ? avez-vous prétendu que mes

citations n'étoient pas exactes ? Non. Avez-vous opposé quelques citations contraires ? Non. J'ai donc en ma faveur le suffrage unanime de tous les auteurs héraldiques, & même du sieur d'Hosier, & c'est déja beaucoup.

Vous vous êtes jetté dans des citations pour établir que les cadets changeoient quelquefois les couleurs des armes afin de se distinguer des aînés, & que les Chevaliers portoient leurs armes sur leurs habits : vous avez rappellé la belle description du bouclier d'Énée & du bouclier d'un jeune soldat. Tout cela est magnifique, j'en conviens ; mais tout cela prouve que vous n'aviez rien à dire sur votre Cause, & il demeure constant entre nous que, d'après tous les auteurs héraldiques & le sieur d'Hosier lui-même, l'identité des armes ne prouve en aucune maniere l'identité de l'origine.

J'avois été plus loin, j'avois démontré par des exemples que les mêmes armes, même les armes parlantes, se trouvoient dans une foule de maisons qui n'ont entr'elles rien de commun : je vous avois cité l'exemple de la *tour* portée par cent personnes qui ne tiennent en rien à la maison de la Tour-d'Auvergne : qu'avez-vous répondu ? Rien, suivant votre usage, & cela est prudent.

Je vous avois cité l'exemple du *maillet* qui, suivant le sieur d'Hosier, *est l'arme parlante des Mailly, comme le cré-quier est l'arme parlante des Créqui ;* je vous avois prouvé que vingt personnes portent le maillet sans être Mailly : qu'avez-vous encore répondu ? Rien, suivant votre usage, & je loue encore votre prudence.

Enfin je vous avois cité huit exemples de maisons diffé-rentes qui ont porté le créquier sans être Créqui, les Boiscuvits, les Ifflinger, les Drancourt, les Déconte, les le Jofne-Coutai, les Quatreveaux, les Lefpaut & trois branches de le Jeune qui plaidoient en Artois en 1577 & 1597.

Qu'avez-vous encore répondu ? Vous avez obfervé que les Botfcuvits & les Ifflinger étoient étrangers, comme fi cela détruifoit le fait que j'ai plaidé.

Vous avez prétendu que les Drancourt, qui n'ont jamais paffé & qui n'ont jamais voulu être Créqui, étoient néanmoins de cette maifon, & vous l'avez prétendu parce que les Rebretingues, qu'on connoît parfairement pour une branche des Créqui, en étoient iffus : raifonnement digne en effet de votre Caufe.

Vous avez ajouté que les Quatrevaux étoient auffi Créqui, & voici les propres expreffions dont vous vous êtes fervi : ,, Vous dites que les Quatreveaux n'étoient pas ,, Créqui, moi je foutiens qu'ils l'étoient, & comme je fuis ,, auffi croyable que vous, ils pafferont pour tels jufqu'à ,, ce que vous démontriez le contraire. ,,

Excellente raifon & avec laquelle vous ferez de la maifon de Bourbon quand il vous plaira. Vous direz que vous êtes Bourbon, je dirai le contraire, & comme vous êtes auffi croyable que moi, vous ferez Bourbon en dépit de vos peres jufqu'à ce que j'aie démontré que vous ne l'êtes pas.

Quand aux le Jeune d'Artois qui plaidoient en 1577 & 1597, leurs Sentences que je n'ai connues que parce que vous même en aviez envoyé des copies à Paris dans le premier inftant où vous vouliez vous faire Créqui; leurs Sentences que vous invoquiez alors font, dites-vous, des pieces fauffes. Ces le Jeune ne defcendent pas de votre Taffart le Jeune, mais d'un autre Taffart qui vivoit en

1340 ; ils fe font enfouchés fur les le Jeune d'Ambricourt.

Ne craignez pas, Meffieurs, que je m'occupe ici à difcu-ter ces Jugemens qui font les titres même de mes Adver-faires, je fimplifierai encore cette partie de la Caufe.

Ou les le Jeune qui plaidoient en 1577 étoit vos parens ou ils ne l'étoient pas : choififfez.

S'ils étoient vos parens, vous n'êtes pas Créqui, car vous foutenez qu'ils ne l'étoient pas eux-mêmes. S'ils n'étoient pas vos parens, vous n'êtes pas Créqui ; car ces le Jeune quels qu'ils foient s'appelloient le Jeune, portoient un cré-quier dans leurs armes comme vous, poffédoient un fief à Ambricourt, & fi avec tout cela ils ne font pas Créqui, vous ne l'êtes pas davantage, vous qui n'avez que les mêmes titres pour vous prétendre tel. Toujours eft-il vrai que ces Sentences démontrent que les le Jeune ne paffoient pas pour Créqui en Artois, puifqu'on leur difoit que leur armes, encore qu'elles leur fuffent propres, ne prouveroient rien ; mais qu'ils les avoient ufurpées fur d'autres Gentilshommes *fi comme* fur les fire de Créqui dont ils n'étoient pas iffus.

Enfin il refte encore les Deconte, les Contai & les Lef-paut qui, fans être Créqui, portent des créquier dans leurs armes. Il ne vous a pas plû de vous expliquer à leur fujet, vous finirez fans doute par en faire des Créqui malgré eux.

Ainfi il eft démontré par l'autorité unanime des auteurs héraldiques & par les faits qu'il ne réfulte rien pour l'identité de l'origine, de l'identité des armes, & je crois ce fecond moyen de mes Adverfaires pleinement anéanti.

§ VI.
Il ne réfulte rien de la prétendue poffeffion de la terre d'Ambri-court.

Parlerai-je actuellement de la poffeffion de la terre d'Ambricourt ? J'avois fait voir 1.° qu'il n'y avoit aucune preuve de la poffeffion de cette terre par la maifon de Créqui.

2.° Qu'il n'étoit pas mieux prouvé que les le Jeune l'avoient poffédée, qu'ils n'avoient jamais eu *qu'un fimple fief & noble tenement à Ambricourt.* A cet égard la Caufe eft toujours la même, mes Adverfaires ne prouvent encore en aucune maniere ces deux poffeffions prétendues.

J'avois ajouté qu'en fuppofant même, comme mes Adverfaires le difent, qu'un Euguerand de Créqui, mort vers 1400, eût été Seigneur d'Ambricourt, & qu'un le Jeune eût été depuis, en 1473, auffi Seigneur d'Ambricourt, il ne pourroit encore rien en réfulter, parce que Enguerand de Créqui laiffoit un frere, *Jean Sire de Créqui,* qui étoit fon héritier, & dont la defcendance s'eft perpétuée jufqu'à nous; d'où il réfulte que les le Jeune n'auront jamais pu tenir la terre d'Ambricourt à titre fucceffif de cet Enguerand de Créqui.

§. VII.
On ne peut rien conclure de l'acte de 1325, dans lequel paroît un Vautier le Jeune.

,, Cela feroit bon ; m'a-t-on dit, fi la Généalogie de la ,, maifon de Créqui étoit complette ; mais elle ne l'eft pas : ,, Enguerand de Créqui, mort en 1400, pouvoit avoir un ,, autre frere, qui n'eft pas connu, & dont nous pouvons ,, defcendre ,,

Mais foyez donc, du moins une fois, foyez d'accord à vous-même. Vous avez trouvé *un Vautier le Jeune,* qui vivoit en 1325, dont vous prétendez être iffus; ce Vautier le Jeune, fuivant ce que vous avez plaidé, étoit fils d'un Guillaume le Jeune qui vivoit en 1270. Comment donc ofez-vous dire dans la même plaidoirie, que vous pouvez defcendre d'un frere d'Euguerand de Créqui, mort en 1400 ? Ainfi donc, vous affirmez, vous niez fans réflexion, fans preu-

ves,

49

ves, fans autre raifon que le befoin du moment; & toute votre
défenfe n'eft qu'un tiffu d'affertions hafardées, de fauffes fuppofitions & de contradictions révoltantes.

Je n'ai pas befoin d'en dire davantage, fans doute, fur cette
prétendue poffeffion de la terre d'Ambricourt; & ce moyen
que l'on s'eft permis d'employer n'eft pas moins déplorable
que les autres.

Mais je viens de parler d'un Vautier le Jeune qui exiftoit
en 1325, & dont mes adverfaires fe difent iffus. Que ga-
gneroient-ils à defcendre de lui? Cela eft difficile à conce-
voir.

Nous voyons par un acte qu'ils m'ont communiqué, qu'en
1325, Vautier le Jeune, Franc-homme du Seigneur d'Erin,
eft préfent avec cinq autres Francs-hommes du même Seigneur, à une vente que faifoit un Giles de Froideval; l'acte
paroît avoir été revêtu de cinq fceaux, il n'en exifte que
deux, trois font perdus: l'un des deux qui exiftent, préfente, dit-on, un créquier avec une bande, & l'on affure que
ce fceau eft celui de Vauthier le Jeune.

Vous avez cru, Meffieurs, que c'étoit bien là en effet le
fceau de Vauthier le Jeune, parce qu'on vous le difoit, je l'ai
cru pareillement: mais quand l'acte m'a été communiqué, je
n'y ai rien, abfolument rien trouvé qui dénotât que ce fceau
appartînt en effet à Vauthier le Jeune plutôt qu'aux cinq autres
perfonnes qui avoient auffi appofé leur fceau. Il n'y a pas à
cet égard le moindre indice (a), & au contraire, il y a tout lieu

---

(a) Dans leur derniere Replique, les fieurs le Jeune ont dit que
ce fceau étoit le *fecond*, & que Vauthier le Jouene étant nommé dans
l'acte, le *fecond* des francs hommes, il y avoit lieu *de préfumer* que c'étoit
là en effet fon fceau. MALHEUREUSEMENT VAUTHIER LE JOUENE EST LE
DERNIER DES FRANCS HOMMES NOMMÉS DANS L'ACTE.

G

de croire (si Vauthier le Jeune est de la famille de mes Adversaires), que ce n'étoit pas là son sceau, puisqu'ils n'ont jamais porté de bande dans leurs armes.

Prêtons-nous cependant à leurs suppositions; que concluez-vous de ce sceau ? la bande, a-t-on dit, fournit la preuve que Vauthier le Jeune étoit un Cadet de sa maison; car la bande étoit réservée aux puînés.

Mais, le sieur d'Hosier auroit bien dû dire à mes Adversaires, qu'il y a une foule de maisons dont les armes sont surchargées d'une bande, sans aucune distinction des branches aînées & cadettes.

Dans l'Histoire des Grands Officiers de la Couronne, tome 2, page 397, nous trouvons un Aubert qui fût ennobli en 1338, & à qui on donna pour armes *un lion d'argent à la bande d'azur*. Je cite cet exemple de préférence, parce que, comme il s'agit d'un nouveau noble à qui on donnoit des armes, on ne pourra pas élever d'équivoque, & dire que la bande ici distinguoit une branche cadette; les conséquences que vous tirez de la bande du prétendu sceau de Vauthier le Jeune ne sont donc pas justes.

Voulez-vous, au surplus, que cette bande suppose un cadet ? Eh bien ! Vauthier le Jeune étoit un cadet le Jeune, ce qui est fort indifférent.

§. VIII.

Qu'il n'y a jamais eu de Créqui, qui ait porté le nom de le Jeune comme nom patronimique.

» Non, vous a-t-on dit, Vauthier le Jeune pouvoit être » le fils d'un Guillaume de Créqui, qui vivoit en 1270 » & qui portoit pour nom patronimique le nom de le Jeune ».

Ce dernier trait manquoit à la défense de mes Adversaires : il y avoit donc un Guillaume de Créqui en 1270, dont le nom patronimique étoit le Jeune ! Sur quels garans oſez-vous avancer un fait de cette natûre ? j'ai peine à le croire, quoique je l'aie cependant bien entendu.

Il y a au cabinet de M. de Gagneres, aujourd'hui à la Bibliotheque du Roi, un livre dans lequel ſont des généalogies de pluſieurs familles ; dans une de ces généalogies on trouve écrit, d'une écriture inconnue, & qui, ſuivant le certificat du Garde de cette partie, paroît être de 1640 à 1650, on trouve, dis-je, écrit ce que je vais vous lire.

Bauldouin de Créqui & de Freſſin, vivoit en 1195 : *épouſa Clémence de Croi, fille de Guillaume :* '*gît à Ruiſſeauville.*

Au-deſſous ſont écrits ſur la même ligne, les noms de trois enfans qu'on ſuppoſe à Baudouin de Créqui

PHILIPPPE, *Sire de Créqui* & de Freſſin, vivoit en 1238, épouſa BLANCHE DE ROSNI.	GUILLAUME DE CRÉQUI, Prévôt de Saint Pierre d'Aire, vivoit en 1241.	GUILLAUME le jeune, Chevalier Seigneur de Torchi.

Il eſt évident que l'Auteur de cette note a appellé ce dernier, Guillaume *le Jeune*, pour le diſtinguer de ſon frere aîné Guillaume de Créqui ; c'eſt ainſi qu'on a dans tous les tems déſigné les cadets, & dans la généalogie même que la Marquiſe de Sailly fit ſignifier en 1709, au ſujet du retrait de la Terre de Dourier, elle y diſtingue pareillement deux Créqui, freres, qui vivoient en 1557, & qui tous deux s'appelloient François. Elle appelle le premier *François de Créqui.* & le ſecond *François le jeune,* parce que nous n'avons jamais eu d'autre maniere de diſtinguer deux freres qui portoient le même nom de baptême.

Et cependant c'eſt ſur cette ſeule autorité qu'on ſe permet de vous dire qu'il y a eu en 1270 un Guillaume de Créqui , dont le nom patronimique étoit Guillaume le Jeune !

Mais j'avois parlé dans ma plaidoirie de cette note, tirée du Cabinet de M. de Gagneres , je l'avois expliquée comme je viens de le faire, j'avois été plus loin ; j'avois démontré qu'elle étoit fautive dans tous les points.

1.° Baudouin de Créqui n'a eu de Clémence de Croi sa femme , qu'un *seul fils nommé Baudouin* , & non pas trois fils , comme on le dit dans la note.

2.° Ce fils n'a eu lui-même que deux enfans qui furent *Philippe de Créqui* & *Baudouin de Créqui* , Seigneur de Torchi.

3.° Ce Baudouin de Créqui , Seigneur de Torchi , eût trois enfans dont l'aîné s'appella *Guillaume de Créqui ,* & n'eût pas de cadet du même nom de Guillaume , les deux puînés porterent les noms de Philippe & de Baudouin.

Voilà ce que nous lifons dans Baudouin d'Avefnes, Prince de Hainaut , auteur centemporain , coufin de Créqui par une triple alliance , & qui décrivoit en 1270 l'état de cette maifon , tel qu'il étoit fous fes yeux.

La note informe & fans authenticité , fur laquelle vous appuyez votre raifonnement , eft donc erronée dans tous fes points. J'avois plaidé tout cela, Meffieurs, on n'a rien répondu fuivant l'ufage qu'on paroît avoir adopté, & cependant l'on n'a pas héfité d'affurer que Guillaume de Créqui avoit porté le nom de le Jeune , comme nom patronimique , & après l'avoir répété deux fois, on a ofé dire dans la fuite , *j'ai prouvé, j'ai démontré que Guillaume de Créqui avoit porté le nom de le Jeune , comme nom patronimique ,* & voilà ce que nos Adverfaires appellent une démonftration !

Vous vous êtes permis de dire que le fieur Cherin avoit entrevu votre defcendance de ce prétendu Guillaume parce que dans la partie de fon Mémoire où il examine les preuves de votre filiation comme le Jeune, il dit que les le Jeune ont eu pour chef un Guillaume le Jeune.

C'eft abufer bien ouvertement de l'autorité du fieur Cherin : *ce qui paroît le plus vraifemblable* , dit-il , en parlant des le Jeune qui vivoient en 1400, *c'eft qu'ils ont eu pour chef un Guillaume le Jeune mort dès l'année 1389.* Comment donc avez-vous pu dire qu'il parloit ici de votre prétendu Guillaume qui vivoit 120 ans auparavant ? & daignez obferver , Meffieurs, combien les fieurs le Jeune font féconds dans les conféquences qu'ils tirent de leurs démonftrations prétendues : au moyen de leur fuppofition , que Guillaume de Créqui a porté le nom de le Jeune, comme nom patronimique , ils forment tout-à-coup une jonction à la maifon de Créqui : voici comment ils la prouvent. Taffart le Jeune notre premier auteur connu , qui vivoit en 1440, *pouvoit* être fils de Taffart le Jeune , Procureur-Général du Comté d'Artois , qui vivoit en 1380. Celui-ci *pouvoit* être fils d'un Baudouin *le Jeune* , qui , fuivant un compte exiftant à la Chambre des Comptes , revint en 1341 de Bovines à Saint Omer , & à qui on paya 53 livres.

Ce Baudouin le Jeune *pouvoit* être fils de *Vautier le Jeune* , franc homme du Seigneur d'Erin en 1325 ; Vautier le Jeune *pouvoit* être fils de Guillaume de Créqui qui vivoit en 1270 , & s'appelloit le Jeune fuivant mes Adverfaires.

» Vous voulez une jonction à la maifon de Créqui , s'eft-
„ on écrié, la voilà : nous vous déclarons que nous defcen-
„ dons de ce Guillaume le Jeune ; à la vérité nous ne formons

,, notre jonction qu'avec *des le Jeune ;* mais peu importe ,
,, puifqu'un Guillaume de Créqui portoit le nom de le Jeune
,, en 1270, & nous ne pouvons pas douter de ce fait, car dans
,, le cours du fiecle dernier en 1640, pour diftinguer ce
,, Guillaume, de Guillaume de Créqui de fon frere aîné, on l'a
,, appellé Guillaume *le Jeune.*

C'eft ainfi que les fieurs le Jeune ont perpétuellement raifonné dans cette caufe ; mais avec une pareille logique, on a bien tort de fe borner à defcendre de la maifon de Créqui ; mes Adverfaires font trop modeftes, & en raifon-nant comme eux, je vais leur trouver à l'inftant une fource bien plus illuftre.

Taffart le Jeune leur premier auteur connu, qui vivoit en 1440, *pouvoit* être fils de Taffart le Jeune, le Procureur-Général qui vivoit en 1380. Le Procureur - Général Taffart pouvoit être fils de Baudouin le Jeune, qui en 1340 revenoit de Bovines à Saint-Omer.

Baudouin le Jeune pouvoit être fils de Vautier le Jouene, franc homme du Seigneur d'Erin en 1330.

Vautier le Jeune pouvoit être fils d'un Martin le Jeune, qui, fuivant des rôles imprimés à la fuite du Traité de la No-bleffe de la Roque, vivoit vers 1300.

Martin le Jenue pouvoit être fils d'un Audri le Joine, com-pris dans un rôle de 1236, imprimé auffi à la fuite du même Ouvrage.

Audri le Joine pouvoit être fils de Louis le Jeune, Roi de France, qui n'eft mort qu'en 1180.

Ainfi, voilà la jonction des le Jeune à la Maifon régnante, auffi parfaitement prouvée que leur jonction à la maifon de Créqui. *A la vérité, la preuve de cette jonction ne fe fait* qu'avec des le Jeune, mais il eſt démontré que Louis *VIII*, mort en 1180, avoit porté le nom de le Jeune ; & c'eſt une jonction de cette nature qu'on oſe comparer avec la jonction du Marquis de Créqui lui-même à la maiſon de Créqui ! On a oſé vous répéter que les degrés de ſa Généalogie depuis Baudouin, qui vivoit avant 1200, juſqu'à Jean qui vivoit en 1340, n'étoient pas ſûrs, & on vous l'a répété d'après la note informe de Charles d'Hoſier. Mais je vous avois rapporté l'Arrêt qui juge la certitude de ces mêmes degrés ſur une foule de titres, & qui condamne celui qui les avoit conteſtés *à des dommages & intéréts & à l'aumône* : au lieu d'y répondre, vous répétez toujours vos calomnies ; quel fruit pouvez-vous attendre d'une défenſe de cette nature ? (1).

Et d'ailleurs, comment pouvez-vous confondre l'eſpece où un homme a reçu de ſes peres le nom qu'ils ont porté, pendant huit ſiecles, avec votre poſition particuliere où vous demandez un nom qu'aucun de vos ayeux n'a jamais porté ? Sans doute quand on conſerve le nom dont on a hérité, perſonne n'a droit de dire, pourquoi le portez-vous ? Mais quand il s'agit d'abdiquer ſon nom , & d'en prendre un autre, comme on n'a alors aucune poſſeſſion, il faut les titres les plus précis. Et ſi dans ce cas on n'établiſſoit pas ſa jonction par titres, ſur quels prétexte feroit-on aggrégé à une famille ? Si l'on n'exigeoit ni poſſeſſion, ni titre, quel eſt l'homme qui ne feroit pas un grand Seigneur auſſi-tôt qu'il en auroit le deſir ? Vous ne pouvez donc ici vous défendre qu'en confondant toutes les idées.

J'oſe le demander actuellement qu'elle eſt la partie de la

---

(1) La Généalogie du Marquis de Créqui & du Comte de Créqui Canapes, eſt imprimée à la fin de cette Réplique.

défenfe des fieurs le Jeune que je n'aie pas complettement détruite ? Faut-il vous reparler encore de la reconnoiffance du feu Marquis de Créqui , & vous rappeller ce que vous avez tant de fois décidé que le nom & les armes font une propriété commune à tous les membres d'une Maifon, & qu'un feul ne peut pas en difpofer au préjudice des autres ? Faut-il répéter que le feu Marquis de Créqui a été trompé par la généalogie du fieur d'Hofier ?

Mes Adverfaires eux-mêmes vous ont lu dans la derniere audience la lettre dans laquelle le feu Marquis de Créqui marquoit au Marquis de Créqui actuel , en parlant des le Jeune : *La lettre de M. de Serigni me détermine à les reconnoître comme je fais :* c'eft donc fur la foi du fieur d'Hofier de Serigni que vous avez été reconnu ? Mais indépendamment de ce que les motifs qui ont déterminé l'opinion du fieur d'Hofier , font abfurdes, fon ouvrage eft infecté d'une foule de fuppofitions, d'erreurs & d'omiffions : j'avois offert à mes Adverfaires d'en donner le détail auffi-tôt qu'ils le défireroient ; ils ont gardé le filence , parce qu'ils font bien mieux que moi en état d'apprécier cet ouvrage. Vous gardez le filence ! mais je dois le rompre : je prétends donc que la généalogie fur laquelle vous avez été reconnus , doit être rejettée de la caufe comme indigne de toute créance (*a*) ; voici la moindre partie des raifons fur lefquelles je me fonde.

(*a*) Après avoir lu dans les premieres Audiences, la lettre du Marquis de Créqui, dont on vient de parler, après avoir fait imprimer cette lettre dans leur *réponfe à l'Expofé*, p. les fieurs le Jeune ont ofé faire plaider dans leur derniere Replique, *que ce n'étoit pas fur le témoignage du Sieur d'Hozier qu'ils avoient été reconnus :* & cela prouve l'opinion qu'ils ont eux-mêmes de ce témoignage.

Sur

Sur le premier degré de la généalogie des fieurs le Jeune, le fieur d'Hofier dit que *quelques-uns ont penfé que Taffart le Jeune étoit fils de Jean de Créqui dit le Jeune , tué à la bataille d'Azincourt :* Hé bien ! je déclare hautement que le fieur d'Hofier eft l'auteur de cette fuppofition, & qu'il a cité des autorités qui n'ont jamais exifté : défendez-le fi vous l'ofez.

Sur le fecond degré , le fieur d'Hofier qualifie perpétuellement Jean le Jeune de *l'un des Gentilshommes de l'Hôtel de Bourbon.* Hé bien ! je foutiens que dans les pieces que le fieur d'Hofier avoit entre les mains , ce même Jean le Jeune n'a jamais pris que la qualité de Valet de chambre de **M. de** Beaujeu.

Sur le troifieme degré , il parle de Jean le Jeune , fecond du nom, qui époufa , dit-il , Louife Tiphaine : Hé bien ! je foutiens que le fieur d'Hofier a fupprimé la qualité de Commis à la Recette des Tailles, que ce Jean le Jeune avoit fuivant les titres qui font encore entre les mains du Généalogifte : fur ce même degré , il parle de Gilles le Jeune , frere de Jean. Hé bien ! je foutiens que le fieur d'Hofier a fupprimé les qualités d'Avocat à Saumur, & d'Elu , données à Gilles le Jenne dans les mêmes pieces, & tout le monde conçoit les motifs de ces fuppreffions.

Sur le quatrieme degré , il dit que Jean le Jeune , troifieme du nom, a époufé en 1545 Françoife Foulon, dame du Pré. Hé bien ! je foutiens que fuivant une production faite en 1667, & que le fieur d'Hofier avoit entre les mains, cette Françoife Foulon a été mariée en 1551 , & n'a d'autre qualité que celle *d'honnête fille, Françoife Foulon, fille de M. Pierre Foulon, Licentié ès Loix, élu en l'Election de Saumur ; & d'honnête femme Jacquette Fauffier.*

H

Sur le même degré, je foutiens que le fieur d'Hofier a fupprimé une Marthe le Jeune, fœur de Jean le Jeune, Chevalier de Saint-Michel, qui avoit *épousé M. Pierre Chauvin, Enquéteur au fiegede Saumur* ; & on l'a fupprimée fans doute, parce qu'on n'a pas trouvé le moyen d'illuftrer cette alliance.

Sur le cinquieme degré, je vois un Jacques le Jeune, neveu de Marthe le Jeune, dont le fieur d'Hofier parle en ces termes : *un Mémoire de fon tems porte, qu'il fut favori de Louis XIII.* J'ai fait, & j'ai fait faire toutes fortes de recherches pour trouver ce Mémoire, on n'a jamais pu y parvenir. Je n'en conclus pas encore qu'il n'a jamais exifté, mais je tirerai cette conféquence dans la fuite, fi l'on ne s'empreffe pas de le produire (a), & je mettrai ce trait à côté de la citation *des quelques-uns* qui ont penfé que Taffart le Jeune étoit fils de Jean de Créqui, dit le Jeune.

Sur le fixieme degré, le fieur d'Hofier dit que Pierre le Jeune, trifayeul dès le Jeune, époufa Demoifelle Anne Eveillard, fille de François Eveillard, *Ecuyer*, Seigneur de Seillons, & de Demoifelle Jeanne Gohin : Hé bien ! je foutiens que fuivant le contrat de mariage, tel qu'il fût produit par ce même Pierre le Jeune en 1667, il n'avoit époufé que *Demoifelle Eveillard, fille de François Eveillard, Préfident en la Prévôté de la ville d'Angers, Maire & Capitaine Général d'icelle.*

___

(*a*) Les fieurs le Jeune, dans leur derniere Réplique, n'ont pas cité le Mémoire : *il eft donc tems de tirer la conféquence.* Le fieur d'Hofier, dans fa Généalogie, dit auffi que Jean le Jeune, III. du nom, a été Enfeigne de la Compagnie d'Antoine de Bourbon, & que Jean IV. a été Meftre-de-camp d'un Régiment d'Infanterie. On ne trouve aucune trace de ces qualités dans les Pieces connues. Si les Sieurs le Jeune ne s'empreffent pas de les justifier, on tirera encore de nouvelles conséquences.

Sur le feptieme degré, le fieur d'Hofier dit que François le Jeune, bifayeul de mes Adverfaires, avoit époufé Anne Baf-cher, fille de Pierre Bafcher, Seigneur de Maucartier : Hé bien ! je foutiens que fuivant le contrat de mariage de ce même François le Jeune, produit par lui-même en 1667, il avoit époufé *Anne Bafcher, fille d'honorable homme M. Pierre Bafcher, Receveur Général du Comté de Beaufort.*

Voilà, Meffieurs, voilà la moindre partie des fuppofitions, des omiffions & des erreurs qui fe trouvent dans l'ouvrage du fieur d'Hofier ! j'en citerai d'autres encore quand on voudra : & c'eft-là ce qu'on appelle une Généalogie ! Ces fuppofi-tions, ces omiffions, ces erreurs font démontrées par la pro-duction même que le bifayeul & le trifayeul de mes Adver-faires ont faites en 1667 ; production qu'on nous cachoit avec tant de foin, mais que nous avons heureufement décou-verte & publiée.

Et c'eft fur la foi d'un ouvrage pareil que vous avez été re-connus ! Nous ne pouvons en douter, le feu Marquis de Cré-qui l'a écrit, vous-même avez lu fa lettre, & quand il ne l'auroit pas écrit, il fuffiroit pour s'en convaincre de lire fa reconnoiffance : cette piece eft l'ouvrage du fieur d'Hofier lui-même, c'eft *la copie fidelle & littérale* de deux paffages de la généalogie, on y fait répéter au Marquis de Créqui ce que le fieur d'Hofier s'étoit permis de dire : » Que les ancêtres » des fieurs le Jeune ayant toujours fervi le Roi avec dif-» tinction, s'étant rendu dignes de leur bonnes graces & de » leur bienfaits, ayant occupé des places confidérables, foit » à la Cour, foit dans le Service Militaire, & contracté de » bonnes alliances, il fe croit obligé de les reconnoître ».

H ij

L'acte est du 3 Mai 1765 , & il ne porte que trop l'empreinte de son Auteur.

Mais ce n'étoit pas assez pour les sieurs le Jeune d'avoir arraché cette reconnoissance à la foiblesse du feu Marquis de Créqui : quatre mois après , au mois de Septembre , ils lui firent souscrire un autre acte qui leur permettoit de prendre les armes pleines de la maison de Créqui , & dans cet acte on lui fit dire qu'il s'étoit déterminé après avoir examiné , fait examiner & raprocher de ses titres ceux des sieurs le Jeune.

Rappellez - vous , Messieurs , je vous prie , quelles conséquences on avoit tiré de ces expressions quand nous avons plaidé l'incident : » Le Marquis de Créqui , vous disoit-on , » a du trouver dans les papiers de son oncle le titre qui joint » les le Jeune aux Créqui : il garde ce titre entre ses mains , » & il nous dispute cependant notre état contre le témoignage » de sa propre conscience ».

Je répondis alors que le feu Marquis de Créqui avoit laissé deux filles , qu'aucun de ses titres n'avoient passé ni dû passer dans les mains du Marquis de Créqui actuel : qu'il consentoit que ses cousines donnassent toute communication des pieces qu'elles pouvoient avoir , & qu'il la demanderoit même si on le desiroit : j'ajoutai que nos Adversaires connoissoient ces titres mieux que nous , qu'ils avoient été long-tems les maitres des archives du feu Marquis de Créqui , & d'ailleurs , comment celui-ci qui les reconnut , qui les produisit comme ses parens , leur auroit il caché un titre de jonction s'il y en avoit eu ? Voilà ce que je répondis l'année derniere.

Cela n'a pas empêché qu'aux requêtes du Palais le Marquis de Créqui n'ait essuyé les mêmes reproches : on a même ôfé les adreffer aux deux filles du feu Marquis de Créqui, qui, difoit-on, cachoient les titres de leur pere pour plaire au Marquis actuel, & cette injure, peut-être, doit effrayer à jamais tous ceux qui feroient tentés de reconnoître des étrangers pour leurs parens.

Devant vous, Meffieurs, on a pas fait auffi directement les mêmes imputations (a), & l'on s'eft borné à vous lire les expreffions dont le feu Marquis de Créqui s'eft fervi dans l'acte du mois de Septembre 1765 ; je ne crois pas devoir répéter encore ce que j'ai dit fur ces pieces évidemment furprifes & abfolument inutiles dans une caufe de cette efpece : Je n'ai rien à dire non plus fur la prétendue reconnoiffance de la Princeffe de Rache, fœur du Comte de Créqui-Canaplés que je défends : cette reconnoiffance feroit inutile fi elle étoit vraie, mais c'eft une chimere, elle n'a jamais exifté, & la Princeffe de Rache n'a jamais entendu parler des le Jeune, ni les le Jeune de la Princeffe de Rache : que feroit au furplus certe reconnoiffance, que peut faire celle du feu Marquis de Créqui ? Aura-t-elle cet effet de transformer en membres de la maifon de Créqui mes Adverfaires, fans aucun titre, fans aucune poffeffion, contre tous leurs titres, contre une poffeffion de trois fiecles & contre les déclarations formelles de tous leurs ayeux ?

Je viens de dire que les fieurs le Jeune n'ont en leur faveur aucun acte de poffeffion, & je ne crains pas de le répéter, quoiqu'on ait effaié dans la derniere Audience de

§. X.
Les fieurs le Jeune n'ont aucune poffeffion.

____

(a) Dans la derniere Réplique, les fieurs le Jeune fe font permis de les renouveller.

vous faire entendre qu'au moins depuis 1755 , c'eſt-à-dire depuis 25 ans ils s'appellent Créqui.

On apprécieroit facilement une poſſeſſion de cette nature ſi elle étoit conſtante , mais elle n'eſt même pas prouvée. Je déclare que vous ne m'avez communiqué aucun acte antérieur au contrat de mariage du ſieur le Jeune l'aîné , du mois d'Août 1779 , dans lequel vous ayez contracté ſous le ſeul nom de Créqui ; je n'en connois pas un ſeul , & je ſerai fondé à ſoutenir qu'il n'en exiſte pas juſqu'à ce que vous en ayez produit : vous m'avez montré quelques lettres dans leſquelles on vous appelloit Créqui , mais encore une fois , vous ne m'avez montré aucun acte dans lequel vous ayez paru ſous ce nom ſeul.

Exigera-t-on de moi que je repréſente des actes qui juſtifient qu'avant le contrat de mariage du mois d'Août 1779 , vous n'avez jamais contracté ſous le nom ſeul de Crequi ? Je ſuis en état de le faire.

Le ſieur Pouſſineau & Marie-Françoiſe le Jeune ſon épouſe , votre tante , ont fait dreſſer le 13 Février 1761 , un procès-verbal que vous m'avez communiqué , & Marie - Françoiſe le Jeune n'y eſt appellée que le Jeune.

Dans le cours de l'année ſuivante , au mois d'Avril 1762 , le ſieur le Jeune qui ſe fait appeller aujourd'hui l'Abbé de Créqui , a été tonſuré , & ſes lettres de tonſure ſont expédiées ſous le nom de le Jeune , auquel , à la vérité on avoit ajouté celui de Créqui , mais enfin c'étoit toujours l'Abbé le Jeune.

En 1774 , le ſieur le Jeune l'aîné préſente un Mémoire aux Maréchaux de France , & ſon Mémoire eſt encore ſigné du nom de le Jeune , qu'il avoit embelli de celui de Créqui ;

mais enfin c'étoit toujours le fieur le Jeune. Depuis, fon pere eft mort, s'il faut le croire, & il eft inhumé certainement fous le nom de le Jeune , puifqu'on refufe conftamment de repré-fenter fon acte mortuaire (*a*).

Enfin, Meffieurs, je ne connois pas un feul acte antérieur à l'acte de mariage du mois d'Août 1779 , dans lequel les fieurs le Jeune ayent contracté fous le feul nom de Créqui.

Mais cet acte de mariage, je ne peux pas m'empêcher de le dire, combien eft-il affligeant & fcandaleux ?

§. X I.
Le fieurs le Jeune font déja convaincus des deux ufurpations.

François-Louis Marin le Jeune fils, par fon extrait-bap-tiftaire, de *François le Jeune*, fe marie fous le nom de François-Marin, *Comte de Créqui*, fils du feu *Marquis de Créqui*. C'eft peu ; le prétendu Comte de Créqui fe marie avec le titre *de Meftre-de-Camp de Cavalerie ;* il ne l'eft pas : il fe marie comme fils du feu Marquis de Créqui *Colonel ,* & fon pere n'a jamais fervi : il n'y a pas un mot dans cet acte de mariage qui ne préfente une ufurpation ; & ne penfez pas, Meffieurs, que ces circonftances foient étrangeres à notre caufe , je fuis forcé malgré moi d'en parler. Nous accufons les fieurs le Jeune d'avoir ufurpé le nom de Créqui, & s'il eft démontré qu'ils ont déja commis deux ufurpations de la même nature ; la troifieme n'eft que trop vraifemblable.

Et qu'on ne dife pas, comme on l'a déja fait , que c'étoit le Clerc de la Sacriftie de Verfailles qui avoit donné de lui-même au fieur le Jeune la qualité de Meftre-de-Camp

---

(*a*) Il eft inconcevable que les fieurs le Jeune n'aient pas dit un feul mot de cet Acte mortuaire, malgré tous les reproches qu'on leur a perpétuellement adreffés à ce fujet.

de Cavalerie. Il a pris cette qualité dans toutes ſes Requêtes, juſqu'au moment où je lui ai prouvé qu'elle ne lui
étoit pas due : étoit-ce le Clerc de la Sacriſtie qui les rédi-
geoit ? Il s'eſt fait donner la même qualité dans les Etrennes
de la Nobleſſe de l'année derniere ; eſt-ce le Clerc de la Sacriſtie qui a rédigé cet ouvrage ?

Il a donné à ſon pere deux fois dans ſon contrat de mariage
la qualité de Colonel : eſt-ce encore le Clerc de la Sacriſtie
qui a rédigé le contrat ?

Ceſſez donc, ceſſez de nous dire que votre délicateſſe eſt
offenſée du ſimple ſoupçon d'une uſurpation, pendant que
vous êtes déja convaincu d'avoir deux fois uſurpé des qualités qui n'étoient pas les vôtres : ce n'eſt plus le moment de
parler ici de votre délicateſſe, il falloit la conſulter lorſque
vous formâtes le premier projet de pénétrer dans une maiſon
qui vous eſt étrangere ; il falloit la conſulter lorſque vous en-
treprîtes de ſéduire le feu Marquis de Créqui, à l'aide de la
généalogie du ſieur d'Hoſier : vous ne l'avez pas faite cette
généalogie, me direz-vous, cela eſt vrai ; mais vous l'avez
ſollicitée, mais vous avez fourni au ſieur d'Hoſier les raiſons
qui l'ont déterminé à la faire, mais vous vous en êtes ſervi,
& vous en connoiſſiez parfaitement tous les vices.

Il falloit la conſulter encore cette délicateſſe lorſque vous
avez au mois d'Août 1779 tendu au Comte de Créqui Ca-
naples, que je défends, des piéges pour ſurprendre de lui une
reconnoiſſance, comme vous en aviez déja ſurpris une au feu
Marquis de Créqui.

Il falloit la conſulter lorſque vous avez totalement abjuré
au pied des Autels votre nom véritable pour vous cacher ſous
un nom qui n'eſt pas le vôtre ; lorſque vous y avez pris
avec

avec réflexion une fauffe qualité , lorfque vous avez donné à votre pere avec la même réflexion une qualité qui n'étoit pas moins fauffe.

Voulez-vous parvenir à infpirer quelqu'intérêt , préten-dez-vous vous juftifier par votre bonne foi ? Commencez donc par vous laver de ces inculpations (*a*).

Votre bonne foi! eft-ce dans l'opinion de vos peres que nous en trouverons la preuve ? Ils ont tous prononcé contre vous. Pour l'établir cette bonne foi , il falloit produire d'abord & publier tous vos titres au lieu de les cacher , & vous n'y auriez pas manqué s'ils vous avoient infpiré la moindre confiance. Mais votre conduite a été bien différente.

Vous avez inondé Paris de vos Mémoires fur l'inci-dent , parce que vous pouviez le traiter fans produire vos titres : alors vous annonciez au public que vous feigniez de prendre pour juge un Mémoire fur le fonds ; il étoit déja fait.

La caufe a été cependant plaidée aux Requêtes du Palais , & vous n'avez publié ni titres ni mémoires : ils devoient l'être avant la plaidoirie de la caufe en la Cour , la caufe eft prefqu'entiérement plaidée & vous cachez toujours ces titres. (*b*). Nous ne connoîtrions pas encore les plus impor-tans , fi des Citoyens vertueux , pénétrés de la trivolité de vos prétentions , ne les avoient portés eux-mêmes à la maifon de Créqui.

(*a*) Les fieurs le Jeune n'ofent même pas en parler ; ils gardent à ce fujet le plus profond filence.

(*b*) La replique pour le Marquis de Créqui & pour le Comte de Cré-qui-Canaples étoit prefqu'entiérement imprimée lorfque le Mémoire des fieurs le Jeune a paru : CE MÉMOIRE SE TROUVE PLEINEMENT RÉFUTÉ DANS CETTE RÉPLIQUE.

Mais ce que vous ne vouliez pas faire abſolument, je l'ai fait, vous les cachiez ces titres, je les ai publiés, j'ai autant d'intérêt à vous faire connoître, que vous en aviez à reſter inconnus. Il eſt impoſſible déſormais qu'on vous place dans une maiſon dont vous êtes exclus par tous vos titres & par 400 ans de poſſeſſion; & pour juger que vous êtes Créqui, il faudroit décider que pour le devenir il ſuffit de le déſirer.

Monſieur *D'AGUESSEAU*, *Avocat-Général.*

M.ᶜ *TREILHARD*, Avocat.

CORVISART, Procureur.

De l'Imprimerie de VALADE, rue des Noyers. 1781.

* 9 7 8 2 3 2 9 6 8 3 8 6 7 *